Luise M. Sommer

Gutes Gedächtnis leicht gemacht

*Für alle Menschen,
die mentales Jungbleiben durch lebenslanges Lernen
als spannende Herausforderung betrachten.*

Danksagung

Mein besonderer Dank gilt Hubert Krenn, Verlagsleiter und Pionier auf dem Gebiet des Gedächtnissports in Österreich. Sein „Institut für Gedächtnistraining" richtet alljährlich die Österreichischen Gedächtnismeisterschaften „Mind Games" in Wien aus. Unzählige junge Menschen wurden (und werden) dadurch motiviert, sich näher mit ihrem „Wunderwerk Gedächtnis" zu befassen und ihre Freizeit sinnvoll dazu zu nützen, sich auf diese Meisterschaften vorzubereiten. Ohne seine Initiative und Ermunterung wäre dieses Buch nicht entstanden.

Meine „GedächtnisathletInnen" der ersten Stunde möchte ich nicht unerwähnt lassen: Lukas Amsüss, Astrid Pleßl, Stefanie Polleres und Bernhard Röschel. Sie haben mit ihren hervorragenden Leistungen bei diesen (und internationalen) Meisterschaften viel dazu beigetragen, das Interesse am Gedächtnissport in Österreich zu wecken.

Danken möchte ich aber auch meinen SeminarteilnehmerInnen aus allen Bereichen des Lebens. Auch ich nehme aus unserer gemeinsamen „Arbeit" (bei so viel Spaß an der Sache eigentlich nicht als solche zu bezeichnen) viele wertvolle Denkanstöße mit und lerne von ihnen!

Und zu guter Letzt, aber nicht zuletzt danke ich meiner Familie. Ohne ihre Unterstützung, ihre Toleranz und ihr Verständnis hätte dieses Buch nie eine Chance auf Verwirklichung gehabt.

Website von Dr. Luise M. Sommer: **www.LMS-Training.at**

Das Werk, einschließlich aller seiner Teile, ist urheberrechtlich geschützt.
Jede Verwertung außerhalb des Urhebergesetzes ist ohne Zustimmung der Hubert Krenn VerlagsgesmbH unzulässig und strafbar. Das gilt insbesonders für Vervielfältigungen, Übersetzungen, Mikroverfilmungen und die Einspeicherung und Verarbeitung in elektronischen Systemen.
Es ist deshalb nicht gestattet, Abbildungen dieses Buches zu scannen, in PCs bzw. auf CDs zu speichern oder in PCs/Computern zu verändern oder einzeln oder zusammen mit anderen Bildvorlagen zu manipulieren, es sei denn mit schriftlicher Genehmigung.
Die in diesem Buch veröffentlichten Ratschläge sind mit größter Sorgfalt von den Autorinnen erarbeitet und geprüft worden. Eine Garantie kann jedoch nicht übernommen werden. Ebenso ist eine Haftung der Autorinnen und ihrer Beauftragten für Personen-, Sach- oder Vermögensschäden ausgeschlossen.
Jede gewerbliche Nutzung der Arbeiten und Entwürfe ist nur mit Genehmigung der Hubert Krenn Verlagsgesmbh gestattet.

© 2003 by Hubert Krenn VerlagsgesmbH
        Wiedner Hauptstr. 64, 1040 Wien, Tel. 01/585 34 72, Fax 01/585 04 83
        E-mail: hwk@buchagentur.at, URL: www.hubertkrenn.at

Autorenfoto: Sissi Furgler, Graz
Lektorat: Sascha Schipflinger
Umschlaggestaltung: Peter Furian
Grafik: Barbara Schneider-Resl
Druck und Bindung: Druckerei Theiss GmbH, A-9431 St. Stefan

ISBN-Nr: 3-902351-19-5

Luise M. Sommer

Gutes
Gedächtnis
leicht gemacht

■ **Die besten Merktipps von A bis Z**

■ **A**lter und gutes Gedächtnis – absolut kein Widerspruch

■ **N**amen und Gesichter – ab jetzt dauerhaft gespeichert

■ **Z**ahlen merken – kein Problem

INHALTSVERZEICHNIS

Vorwort 5

Von A bis Z

Alter und Gedächtnis –
absolut kein Widerspruch 7
Anfangsbuchstaben-Methode ...12
Assoziationen 17

Blockaden abbauen 21

Charisma...................................23

Durchhalten und unser
„innerer Schweinehund" 24

Eselsbrücken 27

Fragen helfen uns
beim Lernen 30

Geburtstage einprägen...............33
Geschichten-Methode 38

Haken-Methode 47
Haus der Geschichte 52

Intelligenzen
verschiedenster Art...................57

Joggen und mentales
Fitnessprogramm 91

Kreativität und Gedächtnis........93

Loci-Methode 102

Mnemotechnik –
alt, aber gut! 106

Namen und
Gesichter merken 109

Offen für Neues 117
Positive Bilder.........................119
Quälen bringt nichts! 121
Reden können wie ein Profi 122
„**S**epp, wir packen es!" 130
Tipps für den Alltag 131
„**U**nglaublich – es wirkt!" 135
Vokabellernen.........................136
Witze und Humor 142
Wörter merken 146
Wiederholen – aber richtig! 151
„E**X**treme
Gedächtnisleistungen" 154
„**Y**oung at heart" 156
Zahlen merken –
kein Problem! 157
Zielvisualisierung 171

Anhang

Entspannungsübungen 173

Lösungen und
Hintergrundwissen 176

Literaturhinweise 189

Fußnoten..................................190

VORWORT

Gehören Sie zu den Menschen, die von sich selbst behaupten, sie hätten ein „Gedächtnis wie ein Nudelsieb"? Ich möchte Ihnen zeigen, dass viel mehr in Ihnen steckt, als Sie ahnen! In diesem Buch finden Sie einige Werkzeuge, mit denen Sie die Löcher in diesem Sieb verschließen können – damit es zu einer wunderschönen Schale wird, in der Sie Wissen jeder Art sammeln können.

Dieses Buch ist eine Einführung in das faszinierende Thema „Mnemotechnik" – eine bereits in der Antike bekannte und angewandte Methode, um sich Dinge leichter zu merken. Es wendet sich bewusst an Anfänger auf diesem Gebiet, die vielleicht da und dort schon etwas zu dem Thema aufgeschnappt haben, jetzt aber endgültig wissen wollen, „wie's geht". Für „Gedächtnisexperten" wird auch noch das eine oder andere dabei sein – schließlich lasse ich mir (gerne) in die Karten blicken!

Ich verstehe Gedächtnistraining, so wie ich es seit mehr als zehn Jahren betreibe, nicht als reines Gehirnjogging, sondern als ganzheitliches Konzept. Es hat mein Leben, meine Art zu denken, entscheidend verändert. Ich gehe mit mehr Aufmerksamkeit, aber auch Achtsamkeit durch diese Welt und auf andere Menschen zu. Wissen jeglicher Art (auch vormals sprödes Faktenwissen) bekommt eine eigene Faszination, weil das Aneignen seinen Schrecken verloren hat. Ich merke, wie interessant und vergnüglich es sein kann, immer neue Knoten in unser Wissens-Netz einzuknüpfen – und sich daneben mit „sokratischer Gelassenheit" des *„Scio me non scire* – Ich weiß, dass ich nichts weiß" bewusst zu sein.

Begonnen hat alles im März 1993, als ich in einem Vortrag von Herrn Univ.-Prof. Dr. Gunter Iberer, Universität Graz, zum ersten Mal von diesen „Mnemotechniken" hörte. Er stellte sie auch in einem kleinen Gedächtnisexperiment vor – und ich war schlichtweg begeistert. Zwei „Einstiegsbücher" (die Sie im Literaturverzeichnis finden) lieferten mir das nötige Basiswissen, das ich dann – zunächst nur für meinen Eigengebrauch – weiterentwickelte. Als 1999 zum ersten Mal in Österreich Gedächtnismeisterschaften für junge Leute, die so genannten „Mind Games", stattfanden, trainierte ich interessierte SchülerInnen dafür. Sie erzielten großartige Erfolge, allen voran Astrid Pleßl, die im August 2002 bei den „World Memory Championships" in London den Frauen-Gedächtnisweltmeistertitel nach Österreich holte! Die

VORWORT

Erfolge meiner Schützlinge, aber auch meine eigenen (siehe Buchrücken) haben mir eindrucksvoll bewiesen, welche positiven Auswirkungen gezieltes Gedächtnistraining auf die Konzentrations- und Leistungsfähigkeit unseres Gehirns hat. Es ist unglaublich, welche Fülle an Daten, Fakten und Zahlen wir uns mithilfe bestimmter Gedächtnisstrategien merken können!

Von der aktiven Teilnahme an Gedächtniswettkämpfen habe ich inzwischen Abschied genommen. Ich trainiere aber nach wie vor interessierte junge Menschen für unsere jährlich stattfindenden „Mind Games" und inzwischen auch immer mehr interessierte Erwachsene, die in meinen Seminaren lernen wollen, ihren Biocomputer namens Gehirn besser zu nützen. Mein Wunsch ist es, möglichst viele Menschen mit dem Gedächtnis-Virus anzustecken und den Funken meiner Begeisterung für „MMM" („Mehr Merken mit Mnemotechnik") und „LMS" („Lernen mit Spaß") auch an SIE zu übertragen!

Luise M. Sommer
Langenwang, im August 2003   www.LMS-Training.at

Noch ein Lesetipp:

Gehen Sie das Buch zunächst wirklich von A bis Z durch – Sie schaffen sich dadurch einen Rahmen, ein Gedächtnisgebäude. Wenn dies einmal auf soliden Grundmauern ruht und ein sicheres Dach über dem Kopf hat, können Sie natürlich nach Lust und Laune in den einzelnen Räumen umherwandern. Manchmal finden Sie Hinweise auf die Fortsetzung oder Vertiefung eines Gedankens in einem anderen Kapitel. Wenn Sie neugierig sind, können Sie natürlich gerne dorthin springen. Denken Sie jedoch daran, anschließend wieder zu Ihrem Ausgangspunkt zurückzukehren!

Sie sind auch eingeladen, selbst beim Bau dieses Gedächtnishauses Hand anzulegen. Ich stelle Ihnen dazu einige Werkzeuge (mit Gebrauchsanweisung) zur Verfügung – Sie entscheiden, welche Sie sofort anwenden und welche Sie für eine spätere, neuerliche Besichtigung aufsparen wollen. Einige wenige sind mit einem roten Rufzeichen gekennzeichnet. Machen Sie diese Übung, wie empfohlen, sofort, wenn Sie sich einen echten Aha-Effekt gönnen wollen!

ALTER UND GEDÄCHTNIS

Alter ist ein herrlich Ding, wenn man nicht verlernt hat, was anfangen heißt.

Martin Buber (1878–1965), jüd. Religionsforscher u. -philosoph

Alter und Gedächtnis
absolut kein Widerspruch!

Ist es wirklich eine unumstößliche Tatsache, dass unsere Gedächtnisleistungen mit zunehmendem Alter nachlassen? Dass wir „immer vergesslicher" werden? Dass diese Verschlechterung unvermeidlich ist? Die Antwort lautet auf den Punkt bzw. Reim gebracht: „Nein – denn wir reden uns das ein!"

Wir alle wissen, welch unnötige Fesseln uns Versagensängste und negative Selbstbilder jeder Art anlegen können – sei dies in der Schule („Auf diese Schularbeit schreibe ich sicher einen Fleck"), im Beruf („Ich bin einfach nicht so gut wie die anderen in meinem Job") oder Alltag („Mein Gedächtnis lässt mich immer mehr im Stich"). Im Kapitel „B wie Blockaden abbauen" erfahren Sie (noch) mehr darüber, wie sehr die Bilder, in denen wir denken – unsere gedanklichen Sprechblasen – unser Leben beeinflussen.

Die Vorstellung von der zunehmenden Vergesslichkeit im Alter haben wir meist schon als Kind unbewusst aufgeschnappt und verinnerlicht. Diese Art von *en passant* mitgenommenen Stereotypen ist besonders hartnäckig, da sie meist bedingungslos akzeptiert und keiner weiteren kritischen Prüfung unterzogen wird. Und wenn wir dann selbst irgendwann so ab vierzig erste Anzeichen der „Altersvergesslichkeit" an uns selbst feststellen (wer weiß, vielleicht halten Sie dieses Buch sogar deshalb in den Händen?), sehen wir unsere Erwartungen bestätigt. Meist werden diese noch bekräftigt von einer ebenso geprägten Umwelt, in der dann Sätze fallen wie „Ja, ja, der liebe Herr Altersheimer lässt grüßen" oder „Leise rieselt der Kalk ...".

Die einzige Möglichkeit, sich dieser negativen Spirale zu entziehen, liegt darin, sich ihr bewusst zu stellen und sie damit einer kritischen Überprü-

ALTER UND GEDÄCHTNIS

fung zugänglich zu machen. Ein faszinierendes Experiment der renommierten Harvard-Professorin Ellen J. Langer hat die Macht der negativen Einstellungen zum Alter auf höchst anschauliche Weise dokumentiert – weshalb ich es Ihnen hier nicht vorenthalten möchte.

Gemeinsam mit Becca Levy führte Ellen J. Langer Untersuchungen über den Zusammenhang von Gedächtnis und Einstellungen zum Altern durch.[1] Für ihre Versuche wählten sie bewusst drei Gruppen aus voneinander völlig verschiedenen Kulturen. Dabei handelte es sich auf der einen Seite um zwei Gruppen, von denen die beiden Psychologinnen annahmen, dass in ihnen negative Stereotype über das Altern nicht so verbreitet und allgemein akzeptiert wären wie in den meisten Teilen der USA. Gruppe eins bestand aus dreißig chinesischen TeilnehmerInnen, und zwar, wie auch die beiden anderen Gruppen, zur einen Hälfte aus jungen Erwachsenen zwischen 15 und 30 Jahren und zur anderen Hälfte aus älteren Erwachsenen im Alter von 59 bis 91 Jahren. In der chinesischen Kultur blickt die Verehrung des Alters auf eine lange Tradition zurück, und die oben erwähnten Stereotype konnten also nicht in der Kindheit aufgeschnappt und weitergegeben werden.

Auch in der zweiten Versuchsgruppe war dies nicht möglich, da es sich hier um eine Gruppe amerikanischer Gehörloser handelte. Diese waren von frühester Jugend an nicht jenen Gesprächen ausgesetzt, die normalerweise den Lebenshintergrund hörender Menschen bilden (90 Prozent der Gehörlosen haben hörende Eltern, die sich gewöhnlich nicht mittels Zeichensprache verständigen), waren also nicht den negativen Stereotypen über das Altern ausgesetzt. Die dritte Gruppe – hörende US-AmerikanerInnen – stammte aus dem Einzugsgebiet von Boston und bestand ebenfalls aus 15 jüngeren und 15 älteren Teilnehmern.

Allen Versuchspersonen wurden Aufnahmen älterer Menschen vorgelegt, verbunden mit der Mitteilung, sie würden ihnen eines Tages begegnen. Jedes Foto wurde fünf Sekunden gezeigt, anschließend wurde eine bestimmte Tätigkeit dieser Person (z. B. dass sie jeden Tag schwamm) vorgelesen bzw. in Gebärdensprache übermittelt. Die Aufgabe der Versuchspersonen bestand nun darin, bei einer anschließenden Betrachtung der Aufnahmen die jeweilige Tätigkeit der Personen zu nennen.

8

ALTER UND GEDÄCHTNIS

Was glauben Sie: Wie sahen nun die Ergebnisse in den einzelnen Gruppen – Gehörlose, Rotchinesen und hörende AmerikanerInnen – aus? Nun, die jüngeren Versuchspersonen schnitten in allen drei Gruppen ähnlich ab, doch die Leistungen der älteren gehörlosen AmerikanerInnen und älteren ChinesInnen übertrafen jene der hörenden (älteren) Vergleichsgruppe **deutlich.** Zwischen den beiden chinesischen Altersgruppen gab es sogar **keinen** Unterschied in der Gedächtnisleistung!

Außerdem wurden in allen drei Kulturen die Einstellung zum Altern ebenfalls unter die Lupe genommen. Allen Versuchspersonen wurde die Frage gestellt, welche fünf Wörter ihnen zum Begriff „alter Mensch" spontan einfielen. Die Aussagen wurden von MitarbeiterInnen, denen die Identität der Versuchspersonen unbekannt war, nach deren Positivität eingestuft. Auch hier ergab sich, dass negative Auffassungen bezüglich Alter mit den schlechteren Leistungen in den beiden älteren Gruppen in eindeutigem Zusammenhang standen. Fazit laut Ellen J. Langer: „Diese Ergebnisse bestätigen die Auffassung, dass kulturell bedingte Einstellungen zum Alter mitverantwortlich sind für das Ausmaß des Gedächtnisverlustes, unter dem ältere Menschen leiden."[2]

Daher: Geben wir dem **SEP** in uns, der **S**elbst**E**rfüllenden **P**rophezeiung, keine Chance – und lassen wir uns nicht beirren von den gängigen Vorurteilen in unserer Gesellschaft, die (zunehmendes) Alter gleichsetzt mit (zunehmender) Vergesslichkeit. Auch für unsere Gedächtnisleistung gilt, wie für so viele andere menschliche Fähigkeiten: „Wer rastet, der rostet!" Stellen wir uns *über* den Kult der Jugendlichkeit in unserer Zeit, und orientieren wir uns an Persönlichkeiten, für die Alter niemals ein Grund zum Stillstand oder Rückzug war. Goethes „Faust II" wurde zu seinem letzten großen Werk, das er 1831, im Alter von 82 Jahren, vollendete. Verdi schrieb seine vielleicht kunstvollsten Opern „Otello" und „Falstaff" mit 74 bzw. 80 Jahren. Der berühmte Dirigent und Verdi-Freund Arturo Toscanini, der immer auswendig(!) arbeitete, wurde 90 Jahre alt und leitete bis drei Jahre vor seinem Tod allwöchentlich Live-Konzerte des NBC Symphony Orchestra für das breite Publikum. Auch in unserer Zeit gibt es Beispiele genug: Der Doyen des globalen Managements, Peter F. Drucker, hält noch mit 86 gestochen scharfe Vorträge, ebenso wie Peter Ustinov, der überhaupt nicht daran denkt, sein „Lästermaul" der Weisheit des Alters entsprechend zu schließen.[3]

Guiseppe Verdi

ALTER UND GEDÄCHTNIS

Sie brauchen für das Training Ihrer grauen Zellen keine Eintrittskarte in ein sündteures geistiges Fitnessstudio: Die beste Trainingswiese für mentales Jungbleiben bietet unser Alltag mit seinen täglich neuen Herausforderungen. Trainingsmöglichkeiten gibt es mehr als genug – Sie müssen Sie nur als Chancen **bewusst** wahrnehmen und nutzen!

Zunächst gilt es jedoch, Basisarbeit zu leisten, deren Bedeutung nicht genug geschätzt werden kann. Wenn sie nicht vorhanden ist, sind unsere Bemühungen um ein besseres Gedächtnis von vornherein zum Scheitern verurteilt. Das Schlüsselwort heißt zunächst **ACHTSAMKEIT** – im Hier und Jetzt bleiben oder einfach: „Tue das, WAS du tust!" Viele Menschen neigen dazu, mehrere Dinge gleichzeitig zu tun, und wundern sich dann, wenn sie nicht nur Stress und körperliche Missempfindungen, sondern auch Gedächtnisprobleme bekommen. Müssen wir uns mit zunehmenden Jahren so unter Druck setzen? Geben Sie Ihren Aufgaben eine Rangordnung, und erledigen Sie eine nach der anderen – Sie werden den Unterschied spüren!

Der nächste Schritt unserer Basisarbeit ist das **WOLLEN**. Wenn Sie sich ständig über Ihr schlechtes Namensgedächtnis ärgern, stellen Sie sich einmal die (ich weiß, unangenehme, aber ehrliche) Frage: *Will* ich mir diesen Menschen und seinen Namen wirklich merken?

Wenn Sie diese Basisvoraussetzungen für sich geschaffen und abgeklärt haben, kann es losgehen – und Ihr Projekt **Mentales Jungbleiben durch Kreatives Gedächtnistraining** wird – in welcher Form auch immer – auf fruchtbarem Boden gedeihen.

Beginnen Sie als ersten Schritt (gleich heute!) damit, sich *bewusst* darum zu bemühen, sich die Namen von einigen der Menschen zu merken, denen Sie in Zukunft begegnen. Die Techniken im Kapitel „Namen und Gesichter merken" werden Sie natürlich dabei unterstützen. Trotzdem: Halten Sie manchmal bewusst inne und (zum Beispiel am Abend) Rückschau – wenn Sie sich pro Arbeitstag ein bis zwei Namen und die dazugehörigen Personen einprägen, wird Ihnen Ihr Namensgedächtnis in Zukunft eine großartige Stütze sein.

Wenn Sie die weiteren in diesem Buch vorgestellten Mnemotechniken ebenfalls ausprobieren, werden Sie förmlich spüren, wie sie ausgetretene Denk-

ALTER UND GEDÄCHTNIS

Pfade *ver*lassen und sich auf neue Denk-Wege *ein*lassen. Und genau das ist es, was uns auch **mental jung** hält. Es macht Mut, sich auch im Alter noch neuen Herausforderungen zu stellen – ob dies nun das Erlernen einer neuen Sportart, eines Instruments, das Aufnehmen eines Studiums oder lang gehegten Hobby-Wunsches ist. **Kreatives Gedächtnistraining,** aufbauend auf antiken Mnemotechniken, hilft Ihnen sowohl dabei, geistig reger zu bleiben, als auch diese Herausforderungen (noch) besser zu meistern. Erfolgserlebnisse, die sich unweigerlich einstellen, machen Mut zu mehr, erhöhen Ihr Selbstvertrauen, verdrängen den bereits erwähnten SEP und verwandeln ihn zum **SEPP** (= der **S**elbst**E**rfüllenden **P**OSITIVEN **P**rophezeiung!).

Stillen Sie diese Lust auf mehr durch Eintauchen in Wissensgebiete, die Ihnen bisher fremd waren, ja auch solche, die Sie vielleicht gemieden haben, weil Sie Ihnen in der Schule zu langweilig oder zu kompliziert waren. Die meisten Menschen wissen viel mehr, als sie von sich glauben, und brauchen nur ein wenig Unterstützung und die richtigen Hilfestellungen, um mit den verschiedenen Themen (wieder) vertraut zu werden. Die meisten bekommen (Allgemein-)Bildung in einem Alter aufgezwungen, wo sie noch nicht reif dafür sind; noch dazu mit Lehrmethoden, die alles andere als „gehirngerecht" sind. Viele wenden deshalb dem Lernen – sobald sie die Schule hinter sich gebracht haben – den Rücken zu.

> Drei Dinge werden Ihnen beim Eintauchen großartige Helfer sein:
>
> **1** Ihr **Wissens-Netz,** über das Sie verfügen und in das Sie mit zunehmendem Alter immer mehr Knoten eingeknüpft haben.
>
> **2** **Gedächtnisstrategien,** von denen Sie in Ihrer Schulzeit wahrscheinlich (leider) noch nicht so viel wussten.
>
> **3** Ihr – im Unterschied zu damals – ausgeprägtes **„Ich WILL das jetzt wissen!"**.

Die moderne Gehirnforschung hat gezeigt, dass mit steigendem Alter keine Gehirnzellen verloren gehen. Im Gegenteil: **Die Komplexität und Vernetzung des Gehirns nimmt zu, sofern es genutzt und trainiert wird.** Die gute Nachricht also (wenn Sie den „sofern"-Einwand berücksichtigen): Wir werden nicht vergesslicher, sondern intelligenter!

ANFANGSBUCHSTABEN

Scherzhafte Beispiele haben manchmal größere Bedeutung als ernste.
Quelle unbekannt

Anfangs-buchstaben–

Methode

Von Anfangsbuchstaben geht eine eigenwillige Faszination aus – denken Sie nur an die liebevoll gestalteten Initialen in den mittelalterlichen Handschriften, die häufig mit kleinen Illustrationen geschmückt und mit Mennige gemalt waren![4] Oder nehmen wir die Beliebtheit von Akronymen[5] in unserer Sprache, die zum Teil bereits selbstverständlicher Bestandteil unseres Wortschatzes geworden sind: *der* ORF, *die* EU, *die* UNO, *ein* UFO (oder sogar mit Plural-s: *mehrere* UFOs); oder solche neueren Datums, wie Yuppies (= Young Urban Professionals) oder Dinks (Double Income No Kids) etc., wo die *Anfangsbuchstaben* einer Wortfolge eine neue Wortschöpfung ergeben.

Doch es funktioniert auch umgekehrt: Anfangsbuchstaben können auch mächtige Angelhaken zum Fischen in unserem Wissens- und Erfahrungsschatz sein. (Mehr darüber im Kapitel „Kreativität und Gedächtnis".) Denken Sie nur an die bekannte Situation: Ein Begriff, ein Wort, das Ihnen auf der Zunge liegt, will Ihnen partout nicht einfallen. In Gedanken gehen Sie das Alphabet durch – und beim richtigen Anfangsbuchstaben „funkt's" dann!

Bei unserer **Anfangsbuchstaben-Methode** gehen wir ebenfalls kreativ vor: Wir verwenden die Anfangsbuchstaben bestimmter Merksätze oder -wörter, um uns Wissensinhalte einzuprägen. Grundvoraussetzung – wie überhaupt bei allen Mnemotechniken: Der **A**nfangsbuchstaben-**M**erk-**S**atz **AMS** bzw. das **A**nfangsbuchstaben-**M**erk-**W**ort **AMW** muss kurz, prägnant, aussagekräftig und somit leichter zu merken sein als das dahinter stehende (Fach-)Wissen!

Hier gleich einige leichte **Aufwärmübungen** zum Einsteigen, die einigen von Ihnen vielleicht noch aus der Schulzeit in Erinnerung sind:

ANFANGSBUCHSTABEN A

- Zum Einprägen der Planeten unseres Sonnensystems (in der Reihenfolge ihrer Entfernung zur Sonne) gibt es den Anfangsbuchstaben-Merk-Satz (AMS): „**Me**in **Ve**tter **er**klärt **m**ir **j**eden **Sa**mstag **u**nsere **ne**un **Pl**aneten." Die Anfangsbuchstaben der Wörter dieses Satzes ergeben die Reihenfolge: Merkur, Venus, Erde, Mars, Jupiter, Saturn, Uranus, Neptun, Pluto.

- In der Musiklehre helfen uns ebenfalls einige bekannte AMS, um uns Tonleitern, Noten etc. leichter einzuprägen:

  - **„Geh du alter Esel, hilf fischen!"** (G-Dur hat ein Kreuz als Vorzeichen; D-Dur hat zwei, A-Dur drei, E-Dur vier, H-Dur fünf und Fis-Dur sechs Kreuze).

  - **„Fritzchen aß Citronen-Eis"** hilft uns, die Noten in den Zwischenräumen des Liniensystems zu merken (f-a-c-e).

  - Für die Noten auf den Linien gibt es den AMS **„Es geht hurtig durch Fleiß"** (e-g-h-d-f).

  - **„Ein Anfänger der Gitarre hat Eifer"**, und merkt sich so die sechs Saiten seiner Gitarre (e-a-d-g-h-e).

- Im Lateinunterricht half uns folgender Satz: **„In die Semmel biss der Kater"**, um uns die lateinischen Bezeichnungen für einmal, zweimal, dreimal, viermal zu merken (semel, bis, ter, quarter).

Sie erinnern sich sicher noch an mehrere AMS oder Anfangsbuchstaben-Merk-Sätze dieser Art, die Sie vielleicht schon vor vielen Jahren kennen gelernt haben. **Allein die Tatsache, dass Sie sie jetzt immer noch mühelos abrufen können, zeigt, wie wirksam sie sind!**

- Nun zu ein paar AMS oder AMW neueren Datums: Was, glauben Sie, verbirgt sich hinter dem Wort **JEANY?** Eine großartige Merkhilfe, die unsere 12-jährige Tochter aus dem Englischunterricht nach Hause brachte, um sich die „key words" einzuprägen, die meistens die Verwendung der (schwierig zu erlernenden) Present Perfect Tense nach sich ziehen: **J**-just („He has just left"); **E**-ever („Have you ever been to the USA?"); **A**-already („I've already told you that dozens of time");

13

A ANFANGSBUCHSTABEN

- **N**-never („I've never seen such a good film before"); **Y**-yet („Have they arrived yet?").
- Noch besteht die EU-Kommission aus 20 Mitgliedern – zehn Staaten entsenden je einen Kommissar, fünf Staaten hingegen je zwei. Können Sie spontan sagen, welche? Merken Sie sich einfach den Satz: „**D**ie **Groß**en **F**ahren **I**mmer **Spa**zieren", und Sie wissen, dass es sich dabei um Deutschland, Großbritannien, Frankreich, Italien und Spanien handelt!
- Bleiben wir gleich beim Thema EU – diesmal geht es um die zehn Beitrittsländer, die ab 2004 die Mitgliedsliste erweitern werden.

Aus den Anfangsbuchstaben der Beitrittsländer habe ich spontan einen **„Word-Rap"** entwickelt, um mir die „Rangordnung" der osteuropäischen Beitrittskandidaten, gestaffelt nach dem jeweils erreichten Konvergenzniveau, zu merken.[6] Haben Sie Lust, mitzurappen? Dann lade ich Sie ein, sich auf **Lernen mit allen Sinnen** einzulassen!

Zunächst: Jeder Rap braucht einen Rhythmus. Unserer ist ganz einfach – klopfen Sie ihn am besten gleich mit! (Keine Angst, es geht auch ganz unauffällig, falls Sie sich bei der Lektüre dieses Kapitels gerade unter nichts ahnenden Mitmenschen in einem Zug, Warteraum etc. befinden.) Also hier der Rhythmus:

   kurz – kurz – kurz – kurz   laaaaang   –   lang
   --   --   --   --   ---------   -----

(mindestens dreimal wiederholen)

Nun gebe ich Ihnen den Text dazu: Er besteht aus einem deutschen, einem englischen und einem Kunstwort und hört sich so an: „STÜHLE, SLOWLY, PO-MALZ". Geschrieben (und geklopft) wird er folgendermaßen – am besten gleich mitmachen und so oft wiederholen, bis er sitzt:

STU**E** – **LE** – SLOW – **LI** – POOOOOO – **MAL**Z
  --   --   --   --   ---------   -----

So, wenn Sie nun mitgemacht (und „mitgerappt" haben), ist damit der Hauptanteil der Merkarbeit erledigt. Alles, was es jetzt noch zu tun gilt: Sie müssen die Anfangsbuchstaben den Ländern zuordnen. Und noch

ANFANGSBUCHSTABEN A

etwas: Erwecken Sie den Rap zum Leben, indem Sie ihn in eine kleine Geschichte einbetten: Stellen Sie sich vor, wie irgendwo in einem kleinen, verträumten Urlaubsort in **Slowenien** – dem Land, das sich hinter dem **ersten** Anfangsbuchstaben verbirgt – ein Animateur die Urlauber (die erwartungsvoll in einem Sesselkreis sitzen) dazu ermuntert, mit (oder auf) ihren Stühlen diesen Rap mitzuklopfen, zu sprechen, zu stampfen ...

Hier nun die Auflösung:

S – Slowenien
T – Tschechien
U – Ungarn
E – Estland

LE – Lettland

SLOW – Slowakei

LI – Littauen

PO – Polen

MAL – Malta *
Z – Zypern *

* Malta und Zypern bilden als die beiden weiteren, allerdings nichtosteuropäischen Beitrittskandidaten in unserem Rap sozusagen den Schlussakkord.

- **Merken von Autokennzeichen;** Kreativitätstraining beim Autofahren: Wem fällt der originellste/passendste Satz zu einer Autonummer ein, z. B. von Bekannten – der Satz soll auch inhaltlich zur betreffenden Person passen! (z. B. „GKF" könnte bei einem eher ungeduldigen Freund für „**G**eh, **k**omm **f**ahr doch endlich!" stehen.)

- Noch ein weiteres Buchstaben-Spiel, das sowohl Jung als auch Alt bei langen Autofahrten die Zeit verkürzt und ein ausgezeichnetes **Wortschatz-Training** darstellt: Man einigt sich auf eine Begriffsgruppe, z. B. „Tiere", und spielt zuerst eine Aufwärmrunde. Der erste beginnt mit irgendeinem Tier seiner Wahl, z. B. „Esel". Der Nächste muss ein Tier nennen, dessen Bezeichnung mit dem Endbuchstaben dieses erstgenannten Wortes beginnt – als z. B. „L wie Lama". Dies

A ANFANGSBUCHSTABEN

wiederum könnte als nächstes Tier „Affe" zur Folge haben; so weit das Aufwärmtraining. Nun gilt es aber, ein passendes oder witziges Eigenschaftswort zum betreffenden Tier zu finden, das ebenfalls mit demselben Anfangsbuchstaben beginnt. Da kann es schon einmal vorkommen, dass eine „**r**asende **R**iesenschildkröte", ein „**b**ehutsames **B**euteltier" oder eine „**e**ingebildete **E**lefantendame" in Ihrem Auto mitfahren und für viel Spaß und Gelächter sorgen ...

- **Merken von Passwörtern:** Einen (positiven!) Satz ausdenken, davon die Anfangsbuchstaben eintippen, z. B. ILMFS („Ich liebe meine Frau sehr") oder MZSMW („Meine Ziele sind mir wichtig") = jedes Mal Streicheleinheiten für Ihre Seele! Zum zusätzlichen Verschlüsseln können Sie es sich ja angewöhnen, nach dem ersten (oder zweiten, dritten ...) Wort eine Zahl (1, 2, 3 ...) einzufügen – *dieser* Code ist garantiert unknackbar!

ASSOZIATIONEN

Es ist mit der Gedankenfabrik wie mit einem Webermeisterstück, wo ein Tritt tausend Fäden regt, die Schifflein herüber, hinüber schießen, die Fäden ungesehen fließen, ein Schlag tausend Verbindungen schlägt.

Johann v. Goethe (1749–1832)

Assoziationen

Assoziationen – die Kombination von Gedankenverbindungen und Bildvorstellungen – stellen unserem Gedächtnis ein äußerst wertvolles Werkzeug zur Verfügung. Ob wir wollen oder nicht – wir lernen und verarbeiten Informationen immer im Kontext. Dieses erinnerungsmäßige Verknüpfen von Vorstellungen bewirkt zum Beispiel, dass beim Empfang eines Briefes sofort die Erinnerung an den Schreiber wach wird. In der Psychoanalyse dienen freie Assoziationen als Hilfsmittel der Diagnose, da die aufsteigenden Bilder und Verknüpfungen viel über die Einstellungen und inneren Bilder eines Menschen aussagen.

Wir können jedoch die Macht der Assoziationen ganz einfach auch dazu nützen, unserem Gedächtnis auf die Sprünge zu helfen. (Falls Sie Lust auf ein kleines Experiment haben, das uns diese Macht besonders deutlich vor Augen führt, dann springen Sie jetzt zu Seite 19.)

Assoziationen bewusst zu organisieren ist der Schlüssel, um Erinnerungen zu bewahren und unser Gedächtnis wachsen zu lassen. Wir können die Dinge, die wir uns merken wollen, ganz bewusst mit bestimmten „Knoten im Taschentuch" verknüpfen – und diese müssen nicht mühsam herangezogen werden. Im Gegenteil: Je lustiger und absurder diese Knoten sind und je mehr Sinne Sie beim Verknüpfen einsetzen, desto wirkungsvoller wird das Ablegen und anschließende Wiederfinden sein. Unser Alltag bietet dafür Übungsmöglichkeiten genug – hier ein paar Beispiele (aus meinem eigenen Alltag oder jenem meiner SeminarteilnehmerInnen), die Ihnen Lust auf mehr machen sollen.

- Kurz vor dem Einschlafen fällt Ihnen ein, dass Sie am nächsten Tag unbedingt ein wichtiges Dokument, Buch etc. mit ins Büro nehmen müssen. Anstatt jetzt aufzustehen und es herzurichten und damit wieder pudelwach zu werden, nehmen Sie einfach irgendeinen Gegenstand in Ihrer Reichweite und legen diesen auf den Boden neben Ihrem Bett. Alles was Sie jetzt noch tun müssen, ist, diesen Gegenstand mit Ihrem Dokument, Buch (oder was auch immer) bildlich zu „verknüpfen"

A

ASSOZIATIONEN

– Sie wissen ja: je absurder, desto besser! Dann können Sie sich beruhigt Ihrem Schlaf hingeben – der **Erinnerungsreflex** funktioniert garantiert am nächsten Morgen!

● Sie sind unterwegs, in einem Vortrag, einer Konferenz etc. – da fällt Ihnen plötzlich etwas Wichtiges ein, das Sie noch erledigen müssen. Sie haben aber keine Möglichkeit, sich dies zu notieren. Machen Sie sich einfach eine **geistige Notiz,** und verknüpfen Sie diese mit Ihrer Uhr, die Sie auf Ihr anderes Handgelenk geben (es kann auch ein Ring o. Ä. sein). Sie denken sicher an Ihre Erledigung!

Diese **Erinnerungshaken** – also Haken, an denen wir jene Dinge aufhängen, an die wir uns erinnern möchten – können wir auch in unserer Vorstellung (= ich *stelle* mir ein Bild *vor* mein geistiges Auge) erzeugen. Nehmen wir an, Sie möchten morgen als erste Handlung im Büro einen Geschäftspartner anrufen. Verlassen Sie sich nun ganz bewusst NICHT auf Ihr elektronisches (oder Leder-)Gedächtnis, sprich: Verzichten Sie auf eine Eintragung in Ihren PC oder Time-Planer. Stellen Sie sich stattdessen vor, wie Sie am Morgen in Ihr Büro kommen und dieser Geschäftspartner gemütlich auf Ihrem Schreibtisch (oder Ihrem Telefon?) sitzt und auf Sie wartet ... Wetten, dass Sie daran denken, ihn anzurufen? Diese Übung im Denken in Bildern nimmt übrigens keinesfalls mehr, bei etwas Training sogar weniger Zeit in Anspruch als der Griff zur Tastatur oder zum Stift und erhöht so nebenbei Ihre Kreativität, Spontaneität und geistige Beweglichkeit in vielen anderen Lebensbereichen – und ist auf alle Fälle einen Versuch wert!

Letztendlich beruhen alle unsere **Eselsbrücken** und auch der berühmte Knopf im Taschentuch auf Assoziationen und Gedankenverbindungen – und dabei ist es unerheblich, ob die Verknüpfung aufgrund des Reimes („7 – 5 – 3 schlüpfte Rom aus dem Ei"), einer visuellen Vorstellung (zu- und abnehmender Mond) oder anderer Parallelen funktioniert. Wenn Sie die Wirksamkeit, die Macht dieser Assoziationen einmal für sich erkannt haben, werden Sie erstaunt sein, welches Potenzial in Ihnen schlummert.

Eine besonders wirkungsvolle Anwendung von Assoziationen ist das Verknüpfen von erinnerungswürdigen Dingen und Fakten mit solchen Haken, die wir bereits „fix eingemauert" in uns mittragen. An diesen

ASSOZIATIONEN

Haken können wir (wenn sie gut befestigt sind!) zahlreiche Fakten, Begriffe, Telefonnummern, Geburtsdaten, Namen etc. aufhängen – zur großen Verblüffung unserer Umwelt, die von diesen (vorbereiteten) Haken ja nichts weiß!!! Auf dieser Technik beruhen der Großteil jener (für Laien) erstaunlichen und unbegreiflichen Gedächtnisleistungen, die wir aus Sendungen wie „Wetten, dass …!", der „Guinness-Show der Rekorde" oder der „Grips-Show" kennen. Möchten Sie hinter die Kulissen dieser „GedächtniskünstlerInnen" blicken oder vielleicht sogar selbst dazu werden? Auf Seite 47 finden Sie das nötige Werkzeug dazu. Hier ist dieser Haken-Methode ein eigenes Kapitel gewidmet.

Nun zum angesprochenen

Gedankenexperiment*
zum Thema „Assoziationen" – Teil 1

Egal, ob Sie nun von Seite 17 oder einfach so hier gelandet sind – dieses Experiment[8] soll Ihnen bewusst machen, welche Rolle unseren Assoziationen beim Einprägen und Abrufen von Informationen zukommt. Und so funktioniert es: Legen Sie sich zunächst Papier und Schreibzeug zurecht; bereiten Sie auf Ihrem Papier eine vertikale Zahlenkolonne von eins bis zwanzig vor. Lesen Sie die folgenden Anweisungen, und **erst dann** drehen Sie bitte das Buch um 180 Grad – stellen Sie es also auf den Kopf.

Dort sehen Sie eine Liste von zwanzig willkürlich von mir ausgewählten Begriffen. Bitte notieren Sie sich neben jeder Zahl auf Ihrem Zettel spontan jene Assoziationen, die Ihnen zum jeweiligen Wort einfallen, OHNE jedoch das Wort selbst in irgendeiner Form festzuhalten! Schreiben Sie einfach flott drauflos, was Ihnen in den Sinn kommt, ohne zu zensurieren, aber auch ohne irgendwo nachzuschlagen. Wenn Sie mit Ihrer Assoziationsübung fertig sind, legen Sie Ihr beschriebenes Blatt zur Seite und widmen Sie sich bewusst einer anderen Tätigkeit (z. B. weiterlesen in diesem Buch oder was immer Sie jetzt tun möchten) – **es sollte mindestens eine halbe Stunde vergehen,** bevor Sie mit dem Experiment auf Seite 20 weitermachen. Also, los geht's: Drehen Sie nun das Buch auf den Kopf – und viel Spaß (zunächst) beim freien Assoziieren!

A ASSOZIATIONEN

1. Pferd
2. Nacht
3. Spiegel
4. Gedächtnis
5. Ski fahren
6. Mülltrennung
7. Grün
8. Computer
9. Filmstar
10. Intelligenz
11. Wimpern
12. Buch
13. Klebstoff
14. Wellness
15. Kugelschreiber
16. Brillenträger
17. Training
18. Telefon
19. Zeitung
20. Hund

Setzen Sie nun, wie ausgemacht, mit einer anderen Tätigkeit fort, und schauen Sie erst nach einer gewissen Zeit, z. B. einer halben Stunde oder Stunde, in die „Auflösung" auf Seite 176!

* Die Idee für dieses Experiment stammt von Vera F. Birkenbihl. Ich habe es in dieses Buch übernommen, weil es auf so schlüssige Art und Weise unsere Art zu denken illustriert.

BLOCKADEN ABBAUEN   B

*Es gibt Menschen, die glauben, alles zu können,
und Menschen, die glauben, nichts zu können.
Beide haben Recht, denn: Energie folgt den Gedanken.*
Henry Ford (1863–1947)

Blockaden abbauen

Eines ist sicher: Starre Einstellungen, die wir in Bezug auf uns selbst haben, beeinflussen unsere Leistung. SpitzensportlerInnen machen sich diese Tatsache – im positiven Sinne – zunutze. Gezieltes Mentaltraining, wo genau diese Blockaden abgebaut und Grenzen überwunden werden, hat in ihrem Trainingsplan einen fixen Platz.

Wir sind immer mit gedanklichen Sprechblasen unterwegs – in unseren Köpfen spielt sich fast ununterbrochen ein innerer Dialog mit uns selbst ab. Das, was wir uns innerlich selbst erzählen, bildet die Grundlage für den Filter, die Art und Weise, wie wir unsere Wirklichkeit wahrnehmen. Und wie gehen wir mit uns selbst um, wenn es um das Thema Gedächtnis und vor allem Vergessen geht? Wir verwenden Worte, die wir wie Waffen gegen uns kehren. „Ich merke mir überhaupt nichts mehr"; „Mein Gedächtnis ist wie ein Nudelsieb"; „Jetzt ist mir schon wieder dieser Name entfallen" usw.

Die Angst zu vergessen ist eine der stärksten Blockaden für unser Gedächtnis. Doch: Nicht nur Irren, auch Vergessen ist menschlich! Jedes Gedächtnis hat Anspruch auf eine Fehlerquote – niemand ist vollkommen. Auch GedächtnisweltmeisterInnen kann es passieren, dass sie einen Regenschirm im Zug oder auf einen vereinbarten Anruf vergessen oder sich nicht an den Namen eines flüchtigen Bekannten erinnern können. Vor mangelnder Aufmerksamkeit und Achtsamkeit ist niemand gefeit – und genau hier liegt auch der Ansatzpunkt, an dem es gilt, den Hebel anzusetzen!

Wenn Sie sich dazu entschließen, ab nun mit einem besseren Gedächtnis durchs Leben zu gehen, dann erlauben Sie sich, auch Fehler machen zu dürfen. **Fehler sind Lernchancen** – Sie zeigen Ihnen, was Sie in Zukunft besser machen können und wollen. Zeigen Sie dies – in puncto Vergessen – auch durch Ihre Wortwahl: Ersetzen Sie ein zerknirschtes *„Leider – ich hab's vergessen"* durch ein entschuldigendes *„Ich habe nicht daran*

B BLOCKADEN ABBAUEN

gedacht". (Paradoxerweise *erinnern* wir uns ja gerade in dem Moment an etwas, in dem wir sagen: „Ich hab's leider *vergessen!*") Ihre gesteigerte Sensibilität für mehr Achtsamkeit wird Ihnen helfen, der Einprägephase mehr Beachtung zu schenken – der entscheidende erste Schritt zu einem besseren Gedächtnis!

Wenn Sie etwas verloren oder verlegt haben, das Sie unbedingt – womöglich noch unter Zeitdruck – wiederfinden müssen: Bleiben Sie ruhig – hektisches Suchen macht alles nur noch schlimmer. Wenn Sie mit Entspannungsübungen vertraut sind (siehe Seite 173) – setzen Sie sie jetzt ein! Stärken Sie Ihr **Erinnerungsvermögen durch Rückwärtsspulen,** indem Sie Szene für Szene zurückspielen. Stellen Sie sich deutlich jene Situationen vor, wo Sie den bestimmten Gegenstand noch hatten. Und: Vertrauen Sie auf die Macht Ihres Unterbewusstseins, das Ihnen jene Bilder schickt, bei denen es funkt – Sie sehen sich plötzlich, wie und vor allem wo Sie das bestimmte „Etwas" (mehr oder weniger bewusst) abgelegt haben.

Stärken Sie auch Ihr Selbstvertrauen durch vorbeugendes Ausschalten unnötiger Suchrituale („Wo ist denn schon wieder mein Schlüssel???"), indem Sie sie durch **bewusste Platzierrituale** ersetzen („Ich lege jetzt meinen Schlüssel ganz bewusst in diese Schale!").

Und wenn Sie auf Ihren nächsten Schritten die in diesem Buch vorgestellten Werkzeuge zunächst ausprobieren und bei Gefallen das eine oder andere auch öfter einsetzen, werden Sie feststellen, dass die Fehlerquote Ihres Gedächtnisses im selben Maße abnimmt, wie Ihre Trefferquote steigt. Zu wissen, dass man sich auf sein Gedächtnis verlassen kann, beruhigt – und der Gedanke, dass auch ab und zu Fehler drin sein dürfen, ebenfalls!

CHARISMA

Ich will keine Akademiker. Ich will keine Wissenschaftler. Ich will keine Leute, die immer alles richtig machen. Ich will Leute, die zu begeistern wissen.

Bill Bernbach, Unternehmer, Kommunikations- und Werbemanager (1911–1982)

Charisma

Charisma bedeutet laut Definition „Gnadengeschenk; Gabe und Befähigung durch Gott; Berufung". Charismatische Menschen strahlen Ruhe und Gelassenheit, Selbstbewusstsein und soziale Kompetenz aus. Sie haben ihren eigenen Stil entwickelt und schöpfen ihre Energie aus einer positiven Einstellung zu sich selbst und zu anderen.

Was hat Charisma mit Gedächtnis zu tun? Unser Gedächtnis ist ein gewaltiges Werkzeug unseres Verstandes. Ein wacher Verstand ist etwas Schönes, fast wie ein Kunstwerk. Er hebt den Menschen über das Gewöhnliche hinaus und lässt Aussehen oder äußerliche Attraktivität in den Hintergrund treten. Im Gegensatz zu körperlicher Anziehungskraft, die unweigerlich mit den Jahren abnimmt, wächst die geistige Anziehungskraft, die von Intelligenz und einem wachen, lebendigen Geist ausgestrahlt wird.

Menschen, denen ein gutes Gedächtnis nachgesagt wird, wird Anerkennung zuteil. Diese Anerkennung tut wohl, man will diesem Anspruch auch gerecht werden und ist positiv motiviert, sein Gedächtnis bewusst zu trainieren (z. B. durch erhöhte Aufmerksamkeit den Erzählungen seiner Mitmenschen gegenüber). Dies wiederum führt zu wohltuenden zwischenmenschlichen Erlebnissen und ist somit eine positive Schraube, die sich nach oben dreht.

Charisma bedeutet auch **Ausstrahlung**. Ich kann jedoch nur ausstrahlen, was ich auch in mir habe. Denken Sie an die Sprechblasen im vorhergehenden Kapitel – der Dialog mit sich selbst entscheidet wesentlich über Ihre charismatische Wirkung, ob Sie es wollen oder nicht! Seien Sie daher ein kritischer Beobachter und Zuhörer Ihres inneren Dialogs.

Achten Sie aber auch auf die Bilder, die Sie in Ihrer Sprache verwenden. Sie wirken einerseits auf Sie selbst zurück, helfen Ihnen aber auch dabei, Ihre Mitmenschen viel besser zu erreichen. Nicht zuletzt unterstützt das Denken in Bildern Ihre Souveränität, Ausstrahlungskraft und somit Ihre gesamte Persönlichkeit.

D DURCHHALTEN

*Zeit, die wir uns nehmen,
ist Zeit, die uns etwas gibt.*
Quelle unbekannt

Durchhalten
und unser „innerer Schweinehund"

Kennen Sie die Situation? Wir bekommen einen Denkanstoß – durch ein Seminar, die Lektüre eines guten Buches, den Rat eines lieben Freundes – und sind hoch motiviert, diesen auch in die Tat umzusetzen. Doch es gibt da ein rätselhaftes Phänomen, das uns irgendwie davon abhält, unseren Vorsatz auch wirklich mit aller Konsequenz umzusetzen, das unsere Idee zur Tat schrumpfen lässt. Egal, ob wir es nun „Aufschieberitis"[7] oder unseren „inneren Schweinehund"[8] nennen – es hindert uns daran, unser Potenzial zu entfalten, unsere Möglichkeiten auszuschöpfen und unsere Vorsätze Wirklichkeit werden zu lassen. Wir werden vom „Planungsriesen" zum „Umsetzungszwerg"[9].

Doch wir haben auch die Möglichkeit, mit diesem kleinen Saboteur in uns Freundschaft zu schließen, ihn zu akzeptieren und in unser Leben zu integrieren. Allerdings müssen wir ihm (und uns) zeigen, wer der Herr im Hause ist!

Für mich persönlich haben sich dabei **drei Vorgangsweisen** als höchst hilfreich erwiesen. Wenn es Ihnen gelingt, diese in Ihr Leben zu integrieren und zu Ihrer Gewohnheit zu machen, haben Sie gewonnen!

(1) Streichen Sie, wo immer möglich, den (Vor-)Satz-Anfang: „Ich sollte ...", und ersetzen Sie ihn durch **„Ich könnte ..."**. *Sollte* ist eines der Worte, die am meisten Energie kosten. Wenn Sie es gebrauchen, fühlen Sie sich schuldig und unter Druck. Es macht einen spürbaren Unterschied, ob man sagt: „Ich *sollte* heute damit beginnen, mein Gedächtnis zu trainieren" oder „Ich *könnte* heute damit beginnen, mein Gedächtnis zu trainieren". *Könnte* überlässt Ihnen die Wahl und erlaubt es Ihnen, später den Gewinn der vollbrachten

DURCHHALTEN

Arbeit für sich selbst in Anspruch zu nehmen: *Sollte* hingegen gibt Ihnen das Gefühl eines Zwangs, und es bringt eher wenig Freude, wenn man (s)eine Pflicht erfüllt.

2 Einen weiteren Glaubenssatz gilt es abzuändern. Wir gehen viele Dinge mit der (unbewussten, aber hartnäckigen) Überzeugung an „Es muss mir leicht fallen", sind dann enttäuscht, wenn dem nicht so ist, und lassen das Ganze dann fallen. Wie wär's mit **„Es darf ruhig einmal anstrengend sein"?** Bleiben wir gleich bei unserem Projekt „besseres Gedächtnis". Es kostet natürlich (zunächst) mehr Energie, Menschen, Informationen bewusster und mit mehr Achtsamkeit wahrzunehmen – der erste Schritt zu einem erfolgreichen Gedächtnis. Auch das Aneignen der mnemotechnischen Grundlagen, die Sie im Laufe dieses Buches noch kennen lernen werden, erfordert ein gewisses Maß an Einsatz – zwar nicht sehr viel, aber immerhin. Doch wenn Sie diese Selbstdisziplin auch in anderen Bereichen des Lebens aufbringen und auf kurzfristige Belohnungen (wie z. B. durch Aufschieben lästiger Dinge) verzichten, werden Sie längerfristig den größeren Nutzen haben und zu mehr Lebensqualität gelangen. Ein kleiner Trick ist dabei erlaubt, um Ihrem inneren Schweinehund ein Schnippchen zu schlagen – womit wir zum letzten Punkt kommen.

3 Setzen Sie sich ein **längerfristiges Ziel,** und legen Sie sich die Latte dabei nicht zu niedrig. Es darf durchaus anspruchsvoll sein – im Kapitel „Zielvisualisierung" werden Sie noch erfahren, wie Sie sich selbst dabei durch positive Zielvisualisierung unterstützen können. Doch jetzt kommt unser Trick: Gehen Sie es in so **kleinen Schritten** an, dass Ihr (noch schlafender) innerer Schweinehund gar nichts davon merkt! Das könnte z. B. so aussehen: Sie nehmen sich vor, im Rahmen Ihres Projekts „verbessertes Ausnutzen meiner Gedächtniskapazität" einmal pro Woche 15 Minuten dazu zu verwenden, neue Knoten in Ihr Wissens-Netz einzuknüpfen. Als sichtbares Ergebnis gibt es abschließend mindestens drei Eintragungen in einem Kalender oder Notizheft (vielleicht legen Sie sich dafür ein besonders ansprechendes zu). Es dürfen natürlich auch mehr sein, falls Sie gerade in Schwung sind, aber es ist völlig in Ordnung, wenn es

D DURDHALTEN

genau drei und nicht mehr sind. Von Fremdwörtern, Vokabeln, Namen von Menschen, denen Sie in dieser Woche begegnet sind, bis zu Stichwörtern und Witzen(!) oder einem neuen Wissensgebiet, das Sie sich erobern möchten, ist alles möglich – was immer Ihnen gerade passt! Als Abschlussritual, bevor Sie Ihr Buch schließen, überfliegen Sie die bisherigen Eintragungen – wodurch Sie die Erinnerung daran wieder(her)holen und damit dauerhaftes Einprägen ermöglichen. Drei Eintragungen in Stichwortform – davon wird Ihr Schweinehund erst gar nicht wach!

Jetzt bleibt nur noch ein Problem: Sie müssen daran denken, diese noch neue Tätigkeit auch durchzuführen. Damit uns eine neu zu erlernende Routinehandlung zur Gewohnheit wird, bedarf es mindestens 20 bis 25 Wiederholungen – das weiß jeder, der einmal seine Küche umgestellt hat und immer wieder bestimmte Gegenstände an ihrem alten Platz sucht. Bei einem Durchgang pro Woche dauert es also ein halbes Jahr, bis Ihnen diese Gewohnheit zu einem lieb gewordenen Ritual wird. Setzen Sie sich dafür **Erinnerungshaken** – wie wär's mit einem kleinen Dreieck, das Sie z. B. in die nächsten Sonntage in Ihren Kalender eintragen (und durchstreichen oder anfüllen, wenn Sie Ihre drei „Merkeintragungen" getätigt haben)?

So wird bewusstes Aufnehmen, Einprägen und Speichern langsam zur (lieben) Gewohnheit – ganz nach dem Motto: „Mäßig, aber regelmäßig!" Und Ihr innerer Schweinehund trottet wie ein zahmes Hündchen neben Ihnen her, angebunden an einer Leine, die sich Selbstdisziplin nennt.

ESELSBRÜCKEN

*Denken ist die schwerste Arbeit, die es gibt.
Das ist wahrscheinlich auch der Grund,
dass sich so wenige Leute damit beschäftigen.*

Henry Ford (1863–1947)

Eselsbrücken

Wenn Sie von Seite 17 („Assoziationen") hierher gesprungen sind, wissen Sie, warum Eselsbrücken so wirksam sind. Aber auch wenn Sie einfach so hier gelandet sind, werden Sie zustimmen, dass uns jene Dinge aus unserer Schulzeit noch besonders gut in Erinnerung sind, zu denen wir uns Eselsbrücken gebastelt haben oder bereits mitgeliefert bekamen – denken wir nur an **„3 – 3 – 3 – Issos Keilerei".** Sie sind also wirkungsvolle Gedächtnisstützen – das Einzige, was mich jedoch daran immer gestört hat, ist ihre Bezeichnung. Sind wir wirklich alle Esel, wenn wir diese Brücken beschreiten, um uns (Merk-)Inhalte auf der anderen Seite abzuholen? Oder sind nicht vielmehr jene die Esel, die sich „zu gut" sind, über diese Hilfsbrücke zu gehen, und lieber mit viel Anstrengung den Weg durch das unter dieser Brücke liegende Dickicht suchen? Oder jene, die sich gar nicht erst diese Mühe machen, sondern gleich auf ihrer Seite bleiben?

Während ich mich also noch auf der Suche nach einer positiveren, wohltuenderen Bezeichnung für diese so hilfreichen Krücken unserer Erinnerung befand, stieß ich auf das Buch von Ulrich Voigt, „Esels Welt. Mnemotechnik zwischen Simonides und Harry Lorayne" – und ich stellte meine Suche ein, denn meine Einstellung zu den Eseln hatte sich nach der Lektüre verändert. „Esel", so schreibt Voigt, „sind auch nur Menschen, sie versuchen aber, noch ein oder zwei weitere Beine auf die Erde zu stellen." Und „wer nicht in der Lage ist, zwischen dem ernsten Sinn des Inhalts und dem grünlustigen Anstrich der Stütze zu unterscheiden, wird es als Esel nicht weit bringen und sollte vielleicht Eseln überhaupt lieber ferne bleiben".[10]

In diesem Sinne: Herzlich willkommen im Land der Esel – haben Sie Lust auf einen Spaziergang in heiterer, unbeschwerter Atmosphäre? Nur so viel sei vorweg verraten: Unser Weg wird uns auch über einige Brücken mit ungewöhnlicher Aussicht führen!

E ESELSBRÜCKEN

Hier nun einige Beispiele für **wirksame Eselsbrücken:**

- **Reim** 333 – Issos Keilerei; 753 schlüpfte Rom aus dem Ei;

  Reim und Rhythmus:

  –ER, –LE, –Y, –OW! (Achtung: Jeden Buchstaben einzeln aussprechen!)

  Jene *zweisilbigen* Adjektive im Englischen, die auf diesen Silben enden, werden wie *einsilbige* gesteigert; also: clev**er** – cleverer – cleverest; oder nob**le** – nobler – noblest, oder happ**y** – happier – happiest, oder narr**ow** – narrower – narrowest. Andere zweisilbige, wie z. B. „tired", die nicht auf den im „Rap" enthaltenen Endsilben -ER, -LE, -Y, -OW enden, werden mit „more" and most" gesteigert (also: more tired – most tired).

  Reim und Bild:

  „*Konvex* ist wie ein *Podex*"

- **Buchstaben** als Hilfe:

  Af**R**ikanischer oder Indischer Elefant – welcher hat wohl die g**R**oßen Ohren?

  KROkodil oder Alligator – wer hat das **KRÖ**ßere Maul?

- **Anfangsbuchstaben-Methode:** Ihr habe ich – siehe „A wie Anfangsbuchstaben-Methode" ein eigenes Kapitel gewidmet. Dort finden Sie einige Eselsbrücken, die auf Anfangsbuchstaben aufbauen. Machen wir gleich einen kleinen Test: Wissen Sie noch

  – was sich hinter dem AMW **JEANY** verbirgt?

  – was wir uns mit dem „Wordrap" **STUELE – SLOWLI – POOOO – MALZ** gemerkt haben?

  – welche fünf Nationen **je zwei** Kommissare in die EU-Kommission entsenden?

ESELSBRÜCKEN

- **Dromedar oder Kamel** – welches hat zwei Höcker?

    Antwort: das **Kamel**, denn zwischen den beiden Höckern kann wirklich **„Ka Mehl"** (hochdeutsch: kein Mehl) herunterfallen! Stellen Sie sich dazu möglichst intensiv vor, wie zwischen den beiden Höckern ein dicker Mehlsack eingezwickt steckt.

- Möchten Sie sich **die ersten zehn Kommastellen der Zahl Pi** merken? Hier hat mir ein lieber Freund folgende Eselsbrücke mitgeteilt, die er selbst vor Jahren von seinem alten Mathematikprofessor mitgegeben bekam. Als Krücke dient folgender Merksatz:

    „Ist's doch o jerum schwierig zu wissen wie sie heißt"

    Nun zählen Sie einfach die Buchstaben der einzelnen Wörter dieses Satzes, schreiben Sie sie auf, und Sie haben die Zahl pi mit zehn Kommastellen! (3,1415926535)

- **Für Weinkenner:** Beim Riesling gibt es drei Sorten – Smaragd, Steinfeder, Federspiel. Welche hat am wenigsten, welche am meisten Alkoholgehalt? Nun, Smaragd ist der schwerste der drei – das merken wir uns einfach so. Wie sieht's mit den beiden anderen aus? Hier kommt das Phänomen des **„genau umgekehrt"** – der Federspiel klingt zwar *leichter*, ist aber *schwerer*; Steinfeder klingt *schwer*, ist aber *leichter*.

- **Etwas aus der Biologie:** Wenn Sie sich merken möchten, wie Männchen, Weibchen und Kind beim Murmeltier in der „Jägersprache" genannt werden – die Eselsbrücke **ABC** hilft: A wie Affe (= Kind), B wie Bär (= Männchen), C wie CAT (= Katze, = Weibchen).

- **Für „Lateiner":** Im Merksatz **„In die Semmel biss der Kater"** verbergen sich die lateinischen Bezeichnungen für einmal (semel), zweimal (bis), dreimal (ter) und viermal (quater).

F FRAGEN HELFEN UNS BEIM LERNEN

Es ist wichtiger, Fragen stellen zu können, als auf alles eine Antwort zu haben.
James Thurber, amerikanischer Humorist (1894–1961)

Fragen helfen uns beim Lernen

„Mama, warum blitzt es bei einem Gewitter?" „Warum ist der Himmel blau, Vati?" „Warum vergisst die Sonne manchmal am Abend ihre Farbe am Himmel?" Warum, warum, warum – ein mächtiges Wort, mit dem aufgeweckte Drei-, Vier-, Fünfjährige die Geduld, aber auch das Wissen ihrer Eltern manchmal ganz schön fordern können. Wie glücklich ist ein Kind, dessen Wissbegierde von seinen Eltern ernst genommen wird, die sich um kindgemäße und trotzdem sachlich richtige Erklärungen bemühen und so gemeinsam **die ersten wertvollen Knoten ins Wissens-Netz** ihrer Kinder knüpfen! Und wie glücklich sind jene SchülerInnen zu schätzen, deren LehrerInnen (ernst gemeinte) Fragen der Jugendlichen nicht als Störung, sondern als wertvolle Bereicherung ansehen. Denn: In der Schule sind es ja paradoxerweise meist die LehrerInnen, die die Fragen stellen, um damit (nicht?) vorhandenes Wissen abzuprüfen.

Diese (rhetorischen) Fragen, auf welche die FragestellerInnen die Antwort ohnehin selbst wissen, sind also nicht gemeint, wenn es in der Überschrift zu diesem Kapitel heißt: „Fragen helfen uns beim Lernen". Es sind vielmehr jene Fragen, die unseren Verstand in einen wachen Zustand versetzen, die unsere Gedanken zu neuen Ideen hinlenken, die uns dabei helfen, immer noch dazuzulernen. Nicht umsonst gleicht ein Fragezeichen einem umgedrehten Haken – er hilft uns dabei, Ideen oder Wissen zu angeln!

Seitdem ich mich mit dem faszinierenden Thema Gedächtnistraining befasse, haben so genannte **Wissensfragen** für mich eine neue Bedeutung bekommen. Sie haben keinen negativen Schulanstrich mehr („Was, das weißt du nicht?"), sondern funktionieren tatsächlich wie Angelhaken für einen passionierten Fischer. Es macht schlicht und einfach Spaß, damit im unendlich großen Wissens-Meer zu fischen. Um dafür auch das nötige

FRAGEN HELFEN UNS BEIM LERNEN

Werkzeug zu haben, liegen seither (viel mehr) Nachschlagewerke zu Hause herum und die neueste „Encarta"-CD ständig (zu)griffbereit im CD-ROM-Laufwerk. Somit ergibt sich auch immer genügend „Memorier-Material", nicht nur, um meine grauen Zellen in Schwung zu halten, sondern auch um mein eigenes Wissens-Netz immer dichter zu knüpfen![11]

Wie lustbetont Lernen oder Wiederholen von Gelerntem durch Fragen sein kann, erkennt man an der Beliebtheit von Rateshows oder Quizspielen. Fragen sind wie ein Juckreiz, stellt der Kreativitätsexperte Tom Wujec dazu fest, sie führen „automatisch dazu, dass wir uns kratzen wollen".[12]

Die Fragen, die wir uns selbst stellen, legen fest, in welche Richtung sich unsere Gedanken bewegen. Nehmen wir ein einfaches Beispiel aus unserem Alltag, um den Unterschied zu spüren, wenn wir an eine Herausforderung, eine Aufgabe, die vor uns liegt, mit einer machtvollen Frage statt einer trockenen „Das-muss-ich-alles-erledigen-Liste" herangehen. Angenommen, Sie planen eine Einladung für eine größere Zahl lieber Freunde bei Ihnen zu Hause – Freundschaft ist schließlich etwas Lebendiges, sie kann nur gedeihen, wenn sie auch gepflegt wird! Natürlich müssen Sie nun in Ihrer Vorbereitung an Dinge wie Essen, Tischschmuck, Getränke etc. denken. Zapfen Sie aber auch Ihre kreativen Ressourcen an, indem Sie sich die entscheidende Frage stellen: Wie kann ich an diesem Abend eine entspannte Gastgeberin sein und mit meinen Freunden einen gemütlichen, unvergesslichen Abend verbringen? Sobald Sie diese Frage stellen, geben Sie Ihrem Verstand ein Ziel vor, auf das er nun gerichtet wird. Hier werden nun plötzlich *andere* Gedanken und Ideen auftauchen, die weit über jene Dinge hinausgehen, die auf Ihrer Liste stehen ...

Auch wenn Sie ein größeres Projekt als eine Einladung angehen möchten: Beginnen Sie zunächst damit, sich die interessantesten *Fragen* dazu zu notieren. Der Formulierung einer **Eröffnungsfrage** kommt dabei, laut Wujec, eine entscheidende Bedeutung zu. Sie bildet den geistigen Rahmen und setzt dem Verstand ein bestimmtes Ziel für neue Ideen. Eröffnungsfragen verlangen niemals nach nur einer Lösung, sondern sind, wie schon der Name sagt, offen und lassen Raum für viele Ideen.

Vielleicht haben Sie sich ja, da Sie dieses Buch in Händen halten, als Ziel das Thema Gedächtnisverbesserung gesteckt. Als (Eröffnungs-)Frage for-

F
FRAGEN HELFEN UNS BEIM LERNEN

muliert: Was kann ich tun, um mein Gedächtnis zu verbessern? Wenn Sie Lust haben, können Sie hier gleich einige weitere Fragen notieren, mit deren Hilfe Sie dieses Projekt erFOLGreich (= an FOLGen reich) durchführen wollen.

GEBURTSTAGE

*Alter ist irrelevant, es sei denn,
du bist eine Flasche Wein.*

Joan Collins, amerik. Schauspielerin (*1933)

Geburtstage
einprägen

Was wir (später) beim Kapitel „Namen und Gesichter merken" feststellen werden, gilt auch hier: Sich die Geburtstage von lieben Freunden einzuprägen zeigt, dass uns dieser Mensch wichtig ist. Natürlich wird es trotzdem immer wieder vorkommen, dass wir das eine oder andere Mal darauf vergessen – darum geht es allerdings in diesem Kapitel nicht. Hier stehen vielmehr Techniken und Strategien im Vordergrund, die es uns erleichtern, Geburtstage, Hochzeitstage etc. überhaupt erst in unseren „Datenspeicher" aufzunehmen. Trotzdem werden Sie – quasi als Nebeneffekt – feststellen, dass Sie mit einem „gedächtnistrainierten" Gehirn (vielleicht mit Hilfe dieses Buches?) immer öfter an jene Dinge denken, an die Sie sich erinnern möchten. Denn – je öfter Sie Ihr **bildliches Vorstellungsvermögen** bewusst einsetzen (wie dies bei allen in diesem Buch enthaltenen Mnemotechniken der Fall ist), desto häufiger werden Sie bemerken, wie kleine Anlässe genügen, um plötzlich Bilder und Assoziationen aus Ihrem Unbewussten aufsteigen zu lassen – Bilder, die Sie an Dinge erinnern, die ansonsten im Meer des Vergessens weitergeschlummert hätten.

Machen wir es uns zunächst nicht allzu schwierig, und wenden wir uns zuerst den zwölf Monaten zu, die Sie den Geburtstagskindern richtig zuordnen müssen. Wäre es nicht schon ungemein beeindruckend, wenn Sie z. B. als Chefin eines Unternehmens, einer Abteilung mit, sagen wir – wir wollen ja nicht gleich übertreiben –, 20 bis 25 MitarbeiterInnen auf Anhieb wüssten, wer im Jänner/Februar/März etc. Geburtstag hat? Oder als Klassenvorstand in einer Klasse? Oder einfach als aufmerksamer Mensch in einem großen Verwandten-/Bekanntenkreis? Auch während zwangloser Gespräche im Rahmen verschiedenster Veranstaltungen ergibt sich – oft über den Umweg des Sternzeichens – ein Anhaltspunkt für den Geburtstagsmonat einer Geschäftspartnerin oder einer neuen Bekanntschaft. Stellen Sie sich *die* Überraschung vor, wenn Sie diesen

G GEBURTSTAGE

Bekannten nach einiger Zeit wieder treffen und nicht nur seinen Namen wissen (doch davon später!), sondern auch noch auf seinen Geburtstagsmonat zwanglos Bezug nehmen können.

Wir brauchen also einen Raster, in den wir die zwölf Monate des Jahres so einordnen können, dass sie uns jederzeit als Bild zur Verfügung stehen. Denn: Das in diesem Buch vorgestellte **Kreative Gedächtnistraining** beruht, wie Sie immer öfter merken werden, auf dem **Denken in Bildern** und auf dem möglichst einprägsamen Verknüpfen dieser Bilder mit dem, was Sie sich merken möchten.

Eine Möglichkeit wäre nun, sich für die zwölf Monate eines Jahres typische Symbole oder Tätigkeiten auszudenken und das Bild, das dann für Sie stellvertretend für diesen Monat steht, mit dem jeweiligen Menschen zu verknüpfen. Ein Beispiel: Nehmen wir an, Sie haben eine Freundin namens Stella, die im Mai Geburtstag hat. Ihr Bild für Mai ist – ein Strauß herrlich duftender Maiglöckchen. Stellen Sie sich nun (möglichst intensiv) vor, wie Sie Stella so einen Strauß überreichen, wie sie den Duft genießt. Vielleicht können Sie selbst auch diesen Duft in Ihrer Vorstellung wahrnehmen und auch spüren, wie sich der Strauß in Ihrer Hand anfühlt, bevor Sie ihn übergeben – dann praktizieren Sie das äußerst effektive „Lernen mit allen Sinnen": Je mehr unserer fünf Sinne wir beim Lernprozess einsetzen, desto wirkungsvoller findet Lernen (in unserem Fall: Einprägen) statt.

Für den Monat **Jänner** könnte Ihr Bild **Ski fahren** oder irgendeine andere Verbindung mit Winter oder Wintersport sein; Februar ist z. B. bei mir verknüpft mit Eis laufen – über einen zugefrorenen See. Für März bietet sich ein (vielleicht bereits in der Sonne dahinschmelzender) Schneemann an, für April eine österliche Assoziation. Mai (Maiglöckchen) haben wir bereits erwähnt; wie wär's mit Rasen mähen für Juni? Für Juli/August nehmen Sie am besten Ihre Lieblingstätigkeiten in diesen Sommermonaten, und für September eignet sich eine Assoziation mit Schule (bitte nehmen Sie eine positive – wie auch immer die für Sie aussehen mag) besonders gut, wenn bei Ihnen, so wie bei uns in Österreich, in diesem Monat immer Schulbeginn angesagt ist. Oktober lässt sich gut mit Kastanien verbinden, für November wäre ein Martinigansl (oder Regenschirm? Sauna?) ein mögliches Bild. Und der Dezember schließlich ist wohl für uns alle mit

GEBURTSTAGE

Weihnachten verknüpft – hier bieten sich vom Adventkranz bis zum Keksebacken (wo auch unser Geruchs- und Geschmackssinn nicht zu kurz kommt) wohl genügend einprägsame Bilder an.

Dezember =

Die Methode, sich Geburtstage auf diese Art und Weise zu merken, ist ein erster Einstieg in die Mnemotechnik – die Kunst, das Gedächtnis durch Denken in Bildern zu unterstützen. Sie verknüpfen den Menschen, dessen Geburtstag Sie sich merken möchten, mit einem Bild, das symbolisch für den jeweiligen Geburtstagsmonat steht.

Eine weitere Möglichkeit – die auch ausgebaut werden kann, um sich auch den tatsächlichen Tag einzuprägen – besteht darin, die hinter jedem Monat stehende Zahl (also eins für Jänner, zwei für Februar etc.) in einem Bild zu verschlüsseln. Diese Methode empfehle ich Ihnen besonders dann, wenn Sie ohnehin daran interessiert sind, Ihr Zahlengedächtnis in Schwung zu bringen (mehr darüber auf Seite 157 im Kapitel „Zahlen merken – kein Problem!").

Wir brauchen also **ein Bild für jede Zahl** von eins bis zwölf, das für uns die jeweilige Zahl symbolisiert und möglichst rasch vor unserem geistigen Auge auftaucht, wenn wir diese Zahl (= diesen Monat) abrufen möchten. Am einfachsten ist es, wenn man entweder von der Form der (geschriebenen) Zahl oder dem Klang der (gesprochenen) Zahl ausgeht. Hier meine Vorschläge – die aber nicht notwendigerweise mit Ihren Vorstellungen übereinstimmen müssen. Wenn Sie eine andere spontane Assoziation zu einer bestimmten Zahl haben – nehmen Sie diese! Ihre eigenen Bilder sind für Sie immer die besten; es gibt in diesem Zusammenhang kein Richtig oder Falsch – nur wirksam müssen sie sein!

G GEBURTSTAGE

Auf Seite 161, wenn es um das Memorieren von (viel längeren) Zahlen geht, werden Sie nochmals auf diese Bilder bzw. Codes treffen – mit der Einladung, Ihre eigenen einzusetzen, wo immer Sie möchten.

Für unsere Übungszwecke in diesem Kapitel hier nun meine Vorschläge:

Zahlenbilder 1 bis 12

1	**Kerze**	(wegen der Form)
2	**Ei**	(Reim)
3	**Drei**zack	
4	Kla**vier**	
5	**Hand**(schuh)	(5 Finger)
6	**Hex'**	(Reim)
7	**Sieb**	(Wortanfang)
8	Sch**acht** (Reim) oder Schachtel, Schach	
9	**Scheun'**	(Reim)
10	**Z**ug	(wegen „Z")
11	**ELF**en	(Wortanfang)
12	**WÖLF'**	(Reim)

Wenden wir auch diese Methode wieder an einem Beispiel an: Unser Geburtstagskind heißt diesmal Josef und feiert am 4. Oktober seinen Geburtstag. Unser Bild für den zehnten Monat im Jahr ist „Zug" – lassen

GEBURTSTAGE

wir also unseren Josef (in unserer Vorstellung) gemütlich in einem Zug sitzen. Und wenn wir uns jetzt noch dazu vorstellen, wie er in seinem Walkman einer zauberhaften Klaviermusik lauscht (= unser Bild für die Zahl vier), oder, etwas dramatischer: wie er an einem Piano im Speisewagen selbst in die Tasten greift, haben wir uns auch gleich den zutreffenden Tag im Monat Oktober gemerkt! Denn dazu müssen Sie nur einen Schritt weiter gehen und im Bild für den Monat noch ein zusätzliches Bild für den tatsächlichen Geburtstag unterbringen, sprich: **die beiden Bilder miteinander verknüpfen.** Wichtig dabei ist nur, jedes Mal die gleiche Reihenfolge einzuhalten. Also: Zunächst das große Rahmenbild für den Monat, dann, wenn Sie möchten, darin das Bild für den Tag dazuhängen (damit nicht aus dem 6. Juli der 7. Juni wird).

Wenn Ihnen diese Art des Gedächtnistrainings, des Denkens in Bildern, Spaß macht und Sie nun Lust zum Weitermachen haben, brauchen Sie natürlich auch die Bilder für die restlichen Tage eines Monats. Diese finden Sie, wie bereits erwähnt, auf Seite 161, wo es allgemein um das Memorieren von Zahlen geht.

Im Kapitel „Namen und Gesichter merken" haben uns die einzelnen Personen, die Sie dort mit ihrem Namen kennen lernen, übrigens auch ihren Geburtstag verraten. Wenn Sie möchten, können Sie dort – mit den hier vorgestellten Werkzeugen – gleich ein Trockentraining absolvieren!

G GESCHICHTEN-METHODE

Schreibe kurz – und sie werden es lesen.
Schreibe klar – und sie werden es verstehen.
Schreibe bildhaft – und sie werden es im Gedächtnis behalten.
Joseph Pulitzer (1847–1911)

Geschichten-Methode

Geschichten haben etwas ungemein Faszinierendes an sich – sie lassen uns eintauchen in eine Welt der Bilder, sie sind gleichsam Kino im Kopf. Sie haben auch im Zeitalter der digitalen Medien nichts von dieser Faszination eingebüßt – fragen Sie eine Kindergärtnerin, welche Begeisterung (und atemlose Stille) eine spannende (vorgelesene) Geschichte immer noch auslösen kann und wie mühelos selbst jüngste Kinder sich diese auch merken.

Sie werden beim Studieren der einzelnen Mnemotechniken (siehe „Haken-Methode" bzw. „Loci-Methode") erkennen, welches Gedächtnispotenzial im Verknüpfen von Bildern liegt, die durchaus ursprünglich nichts miteinander zu tun haben müssen. Wie groß muss diese Macht erst sein, wenn es sich um **bewegte Bilder,** also eine ganze Geschichte, handelt?

Genau darauf beruht die Geschichten-Methode; Sie verwandeln einen eher trockenen Lernstoff – etwas, das es für Sie zu merken gilt oder das Sie sich einfach merken wollen – in eine Geschichte. Der Ablauf und Inhalt dieser Geschichte ergeben sich aus den jeweiligen **Schlüsselbegriffen,** die Sie zunächst in Bilder verwandeln, um sie dann anschließend miteinander, in einem durchgehenden Handlungsstrang, zu verknüpfen. Dies klingt viel komplizierter, als es ist – lassen Sie es uns am besten gemeinsam an einem Beispiel erproben! Alles, was Sie tun müssen: Stellen Sie sich die Einzelheiten der kleinen (Einstiegs-)Geschichte so bildlich wie möglich vor, lassen Sie Ihre Phantasie spielen (und schicken Sie inzwischen Ihre rational-logisch denkende Gehirnhälfte auf Erholung – sie kommt etwas später wieder zu ihrem Recht).

Beginnen wir zunächst mit einer kürzeren Einstiegsgeschichte; der Titel wird absichtlich (noch) nicht verraten, um Sie nicht unnötig abzulenken.

GESCHICHTEN-METHODE **G**

Die bildgebenden Begriffe sind fett gedruckt – diese müssen sie sich besonders gut vorstellen – bei der Auflösung werden Sie verstehen, warum. Bereit?

Also: Sie sehen vor sich eine sanfte grüne Wiese. Eine Kuh **labt** sich gerade an den saftigen Gräsern, als plötzlich tausende von kleinen **Blättern** vom Himmel tanzen und die friedlich vor sich hin grasende Kuh beinahe völlig bedecken. Doch nicht genug damit – jetzt wird unsere Kuh auch noch von einem riesigen **Netz** eingefangen. Und wer waren die Übeltäter, die sich jetzt grinsend hinter einem Baum verstecken? Zwei kleine, freche Schim**pansen.**

Nun, wie ging es Ihnen dabei – haben Sie die kleine Geschichte als Kino im Kopf gespeichert? (Probe: Könnten Sie sie jemandem weitererzählen?) Wenn Sie neugierig sind, welchen Merkstoff Sie sich damit (dauerhaft!) eingeprägt haben, springen Sie zu Seite 176 – dort finden Sie die Lösung.

Wenn Sie nun Lust auf mehr bekommen haben – hier finden Sie noch weitere Merkgeschichten, mit deren Hilfe Sie auf spielerische Art und Weise

- Ihre Fähigkeit, in Bildern zu denken
- Ihre Kreativität
- und nicht zuletzt Ihre Allgemeinbildung

auffrischen und erhöhen können – frei nach dem Motto **LMS** wie **L**ernen **M**acht **S**pass!

Bitte verstehen Sie mich jedoch nicht falsch: Ich will damit *nicht* die Botschaft übermitteln, Lerninhalte könnten *nur* auf diese Weise vermittelt werden bzw. dies sei die ideale Art, sich Wissen anzueignen. Ich verstehe diese Geschichten vielmehr als motivierendes Sprungbrett in das unsagbar reiche Meer des Wissens. Sie machen Spass und helfen uns auf vergnügliche Art und Weise einzutauchen, um dann idealerweise Lust auf mehr (= vertieftes Auseinandersetzen mit den dahinter stehenden Inhalten) zu machen.

39

G GESCHICHTEN-METHODE

Hier nun einige dieser Sprungbretter – absichtlich (noch) ohne Hinweisschilder, wohin Sie springen, damit Sie nicht unnötig abgelenkt sind, sondern sich zunächst ganz auf die Geschichten konzentrieren können. (Die Lösungen dazu finden Sie im Anhang.)

„Der *wunder*liche Riese"

Ausgangspunkt unserer Geschichte sind die Pyramiden von Gizeh im alten Ägypten. Es ist Nacht; der Pharao schläft tief und fest im Inneren der Pyramide. Plötzlich wird er durch ein ungestümes, lautstarkes Klopfen geweckt, und eine Stimme dröhnt: „Zu Hilfe – schnell! Der alte Zeus will mich mit Artemis verheiraten – aber ich WILL nicht!!! Die braucht mich doch nur als Gärtner, weil ich so groß und stark bin!" Unwirsch und verschlafen steckt der Pharao seinen Kopf aus der Pyramide – und sieht einen Riesen vor sich stehen. Doch bevor er noch antworten kann, stößt dieser Koloss einen Schreckensschrei aus und flüchtet – direkt auf die Spitze eines Leuchtturms, auf den er sich – am ganzen Körper zitternd – vorsichtig setzt, die Knie angezogen. Verwundert hält der Pharao Ausschau nach dem Auslöser dieser Panikattacke – und findet ihn: eine kleine Maus, die mindestens ebenso erschrocken davonlief (der Sage nach soll sie in ein Zimmer geflüchtet sein, das ganz aus Bernstein errichtet war).

Sie ahnen wahrscheinlich schon, worum es hier ging. Die Lösung finden Sie auf Seite 177.

„The Naked Stranger"
(... and this story is really true, man!!!)

Ausgangspunkt: eine einsame Prärielandschaft irgendwo in den USA. Sie sehen einen kleinen schwarzen Punkt am Horizont und zoomen sich näher heran. Es ist ein Farmer, der mit einer eisernen Haue den kargen Boden bearbeitet. Ein großer Unbekannter, in einen langen schwarzen Mantel gekleidet, kommt auf den unermüdlich arbeitenden Bauer zu. Als der große Unbekannte vor unserem Farmer wortlos stehen bleibt, richtet sich dieser auf, wischt sich den Schweiß von seiner Stirn und fragt ihn, etwas unwirsch ob der Unterbrechung: „Kenn' i di?" Der Fremde wirft stolz sei-

GESCHICHTEN-METHODE

nen Kopf zurück und antwortet mit lauter Stimme, ebenfalls im breiten Dialekt: „I bin Johns Sohn und i hob – nix on!!!" Dabei reißt er seinen Mantel auseinander – und, etwas erschrocken, sieht der Farmer den Inhalt dieser Worte bestätigt. Doch bevor er noch etwas sagen kann, geht der Fremde wieder fort und nimmt dabei ein Päckchen Karten aus seiner linken Manteltasche, um damit zu spielen. Doch plötzlich fängt es an zu regnen – und weit und breit kein Unterschlupf zu sehen, nur ein alter, verdorrter Busch. In diesen hockt sich unser Fremder hinein, um zumindest ein wenig geschützt zu sein. Da ertönt aus seiner linken Manteltasche ein für ihn offensichtlich vertrauter Klingelton – er hebt sofort ab, springt dabei ehrerbietig auf und antwortet mit pflichtbewusster Stimme: „Jawohl, Herr Präsident, ich bin im Busch!"

„Eine europäische Endlosgeschichte"

Unsere Geschichte beginnt in Paris. Sie sehen den Eiffelturm vor sich, und mitten auf einer Plattform steht ein feuriger spanischer Torero und schwenkt sein rotes Tuch. Doch Sie wissen ja – je absurder, desto besser. Also kommt jetzt kein Stier, sondern ein Auto (Marke: Volvo, in Schweden produziert) auf ihn zu. (Sie können ihm ja kleine Hörner auf die Motorhaube geben). Aus dem Auto steigt – die gesamte deutsche Fußballnationalmannschaft, läuft zu unserem verdutzten Torero und zeigt ihm ihr neues Maskottchen – ein süßes, kleines Rentier (das direkt aus Finnland zu ihnen gekommen ist). Dieses Rentier bleibt aber nicht lange klein – es wird von der Wanderlust gepackt und marschiert nach – Rom. Mitten im Kolosseum bleibt es stehen und schaut erstaunt: Kein Wunder, denn im Zentrum fährt ein roter Doppeldecker-Bus (direkt vom Picadilly Circus in London) seine Runden! Auf dem offenen Dach des Busses befindet sich eine riesige Feuerschale, in der das olympische Feuer hoch in den Himmel lodert. Doch – es wird einfach zu heiß, und so nähert sich eine riesige Flasche (schade, aber trotzdem) Portwein aus dem Weltall und löscht mit einem zischenden Geräusch dieses olympische Feuer. Zurück bleibt die riesige Schüssel, die sich nun – wie durch Zauberhand – mit lauter Mozartkugeln füllt. Und jetzt können Sie sich nicht mehr zurückhalten – diese Mozartkugeln schauen so verlockend aus, dass Sie sich eine nehmen

G GESCHICHTEN-METHODE

und genussvoll hineinbeißen. Der Geschmack ist allerdings etwas anders als erwartet – sie ist nämlich mit echtem irischen Guinness-Bier gefüllt, was eine, na ja, eigenwillige Geschmackskomposition ergibt. Doch als kleinen Trost sehen Sie jetzt (oder war vielleicht das irische Bier etwas zu stark?), wie eine dieser Mozartkugeln aufspringt wie ein Ei – und heraus schlüpft eine wunderschöne Meerjungfrau. Diese Meerjungfrau hat einen riesigen Strauß Tulpen im Arm, und sie wickelt diese bunten Tulpen nun ganz vorsichtig in echte Brüsseler Spitze ein. Wenn das nicht wahrer Luxus ist! Der Sage nach ist diese kleine Meerjungfrau dann nach Paris gereist und hat sich dort am Eiffelturm in einen spanischen Torero verliebt. Ihr Hochzeitsreise führte sie in einem schwedischen Auto nach Deutschland, wo sie ... (und jetzt können Sie das Ganze von vorne wiederholen, wenn Sie möchten!)

Wenn Sie sich diese Geschichte möglichst bunt und lebhaft vorstellen und wie einen Film ablaufen lassen können, dann haben Sie sich jetzt auf nicht sehr anstrengende Art und Weise unsere (noch) **15 EU-Staaten** eingeprägt – und zwar **der Größe nach geordnet!** Auf Seite 178 finden Sie die Geschichte noch einmal, diesmal versehen mit den Ländernamen plus ihrem jeweiligen Flächenmaß.

Wenn Sie jetzt auch noch Lust haben, die zehn Beitrittskandidaten mittels eines rhythmischen Word-Raps in Ihr **Wissens-Netz** einzuknüpfen – springen Sie zu Seite 14, wo Sie im Kapitel „Anfangsbuchstaben-Methode" die Noten dafür finden.

„Der seltsame Wagen"

Diese Geschichte handelt von einem Wagen, der Ihnen (nicht nur) aufgrund seiner sonderbaren Einzelheiten in Erinnerung bleiben wird. Setzen Sie sich einfach einen Kamerablick auf – so, als müssten Sie eine Dokumentation über diesen Wagen drehen. Sie beginnen auf der Rückbank – dort sehen Sie einen wunderschön geschnitzten Holzschuh, wie Sie ihn von Bildern aus Holland kennen. Im Holzschuh drinnen steht ein kleines Häuschen aus Tannenzapfen (frisch aus dem Wald – es duftet noch herrlich!).

GESCHICHTEN-METHODE **G**

Nun wandert Ihr Blick weiter im Wageninneren nach vorne und bleibt dort hängen, wo sich üblicherweise der Ganghebel befindet. Dort sehen Sie heute aber nur ein Loch, aus dem eine grüne (englisch: „green") Flüssigkeit quillt. Und aus dem eingebauten Radio ertönt eine triste Melodie – allerdings meisterlich gesungen! Beeindruckt vom bisher Gesehenen, sind Sie nun umso neugieriger, was dieser Wagen wohl von außen alles zu bieten hat. Sie steigen aus und sehen Ihre Erwartungen nicht enttäuscht: Die Stoßstange ist aus reinem Gold! Und auf der Motorhaube befindet sich eine ungewöhnliche Skulptur als Kühlerfigur: zwei Wale, elegant auf ihren Schwanzflossen balancierend, höchst anmutig in eine Kür vertieft, die sie um einen schlafenden Helden tanzen. Sie beschließen jetzt schon, in Ihrer Dokumentation diesem Helden den Namen Siegfried zu geben. Und eine Idee für das Filmende kommt Ihnen nun auch spontan: Der „seltsame Wagen" steht kurz vor dem Ausblenden einsam am Horizont in der Abenddämmerung. Nun setzen Sie sich zum Schluss noch in den Wagen hinein, um sich ein wenig von all diesen ungewöhnlichen Eindrücken auszurasten. Sie werfen einen Blick in den Rückspiegel und entdecken zu Ihrem Erstaunen, dass die Geschichte bei Ihnen Spuren hinterlassen hat: Ihre Augenwinkel sind umrahmt von ein paar silbernen Falten ...

Sie ahnen es wahrscheinlich schon (der Heldenname Siegfried war vielleicht doch etwas zu verräterisch): Dies waren die zehn wichtigsten Wagner-Opern – verpackt in einem „seltsamen Wagen". Und wer weiß – vielleicht genügt es dem einen oder anderen – neugierig gemacht – nun nicht mehr, einfach nur in diesem Wagen zu sitzen und allein mit den Titeln der Opern vertraut zu sein. Es kann durchaus sein, dass Lust auf mehr entsteht und dieser „seltsame Wagen" dazu verwendet wird, Kurs auf ein Opernhaus zu nehmen, um Wagner zu erleben!

Das RENNEN um die Bundespräsidentschaft

Die Aufgabe der Kandidaten besteht darin, möglichst viele Körner in möglichst viele Teile zu zerteilen (je mehr Körner, desto mehr Wählerstimmen). Jeder versucht natürlich, sein Schneidwerkzeug zu schärfen – aber es gibt eine wesentliche Einschränkung (stellen Sie sich so einen kleinen, verhutzelten Wurzelsepp vor, der diese halb hochdeutsch, halb tirolerisch ver-

GESCHICHTEN-METHODE

kündet): „Jo, nass machen derfscht es nit!" Die armen Kandidaten plagen sich, bis der kleine Wurzelsepp sich eines, wie er glaubt, besonders fähigen Kandidaten erbarmt und zu ihm sagt: „Wort a bissl, kriachst an Schläger von mir. Damit haust dann die Körner in den Wald hinein!" Der Kandidat ist hocherfreut, nimmt den Schläger, holt aus – und die Körner fliegen in weitem Bogen über den Wald hinaus und landen in einem Kleefeld – und still wird's ringsum. Alle sind beeindruckt und wissen genau: Das könnte unser Kandidat sein!

„Vielfache Intelligenz – im Büro"

Stellen Sie sich vor, Sie sitzen in Ihrem Büro und lesen in einem Buch, dessen ungewöhnliche Sprache Sie schlichtweg fasziniert. Nach einiger Zeit klappen Sie das Buch zu und legen es – ganz bewusst – auf einen Computer ab, der vor Ihnen am Schreibtisch steht. Warum ausgerechnet auf diesen Computer? Weil sich dieser nun wie durch Zauberhand von selbst einschaltet und Ihnen ein äußerst interessantes dreidimensionales Objekt zeigt (dies kann ein Würfel, aber auch jedes andere Gebilde sein – lassen Sie einfach Ihre Phantasie spielen!) Doch der Überraschungen nicht genug – plötzlich ertönt aus den Lautsprechern des Computers eine flotte, rhythmische Musik, die diesem dreidimensionalen Objekt „in die Beine fährt" und es beschwingt dazu tanzen lässt. Nachdem Sie das ungewöhnliche Schauspiel einige Zeit beobachtet haben (Sie können gar nicht genug davon bekommen), stellt sich der automatische Bildschirmschoner ein, der mindestens ebenso faszinierend ist: Sie sehen darauf lauter Menschen, die sich auf höchst unterschiedliche Art und Weise körperlich betätigen: Ein passionierter Golfspieler holt gerade zu einem mächtigen Schwung aus, ein Kletterer hängt in einer atemberaubenden Stellung hoch oben in einer Kletterwand. Sie sehen aber auch ein kleines Kind, das soeben seine ersten Schritte macht, oder einen Chirurgen, der mit höchster Konzentration und Fingerspitzengefühl eine komplizierte Operation durchführt.

Nun sind Sie wirklich überwältigt von all dem, was Sie bisher gesehen haben – Sie möchten diese Geschehnisse unbedingt mit jemandem teilen und gehen daher in den benachbarten Raum, um Ihrer (Lieblings-)Kollegin

GESCHICHTEN-METHODE

davon zu erzählen. Aber als Sie sie sehen, spüren Sie intuitiv, dass diese heute nicht gut drauf ist – Ihr G'spür für die anderen sagt Ihnen, dass der Moment dafür jetzt nicht günstig ist. Deshalb schauen Sie lieber in sich selbst hinein – Sie machen sozusagen eine innere Inventur und schauen, wie's in Ihnen selbst aussieht. Dazu gehen Sie aber hinaus, in die freie Natur, weil Sie dort Ihre kreativen Gedanken einfach besser schweifen lassen können. Je länger Sie nun dort draußen stehen, den Himmel über sich und den festen Boden unter sich spüren, desto ruhiger werden Sie. Ein tiefer innerer Friede durchzieht Sie, und Sie fühlen sich eins mit dem Kosmos, dem Unendlichen, eingebettet in eine höhere Ordnung.

Diese Merk-Geschichte verpackt die **„multiplen Intelligenzen"** (nach Howard Gardner) in symbolische Bilder. Den theoretischen Hintergrund dazu erfahren Sie im Kapitel „Intelligenzen verschiedenster Art"; die Information hinter den Bildern im Anhang auf Seite 57.

Sollten Sie nun noch nicht genug haben und außerdem interessiert daran sein, Ihre Französisch-Kenntnisse zu vertiefen: Eine weitere Geschichte findet sich im Kapitel „Vokabellernen" – diesmal allerdings nicht von mir, sondern vom profunden „Eselsbrücken-Experten" Ulrich Voigt .[13] Sie enthält 54 Substantive, die laut Regel eigentlich maskulin sein sollten, tatsächlich aber feminin sind, eingekleidet in die tragische Erzählung vom „Ende des Rebhuhns".

So vergnüglich kann Lernen, Merken und Erinnern sein! Wenn Sie nun Lust dazu bekommen haben, demnächst Ihre eigenen (Lern- und Merk-)- Geschichten zu erfinden, noch ein wichtiger Hinweis: Reihen Sie nicht einfach wahllos irgendwelche Bilder aneinander, die wenig bis gar keinen Sinn ergeben. Das Einprägen wäre mühsam, das Abrufen ebenfalls. Fordern Sie Ihre Phantasie und Kreativität ruhig ein bisschen heraus, und geben Sie Ihrer Geschichte eine **Seele,** einen durchgehenden Gedanken. Ideal ist natürlich auch das Finden eines **Titels,** der zu dem Thema der Geschichte hinführt – zugegebenermaßen nicht immer leicht, aber sehr hilfreich. Nur wenn Ihre Geschichte diese Kriterien erfüllt, darf sie in den Rang einer Merk-Geschichte aufsteigen!

G GESCHICHTEN-METHODE

Und als Abschluss ein kleiner **„musikalischer Witz"**, in dem sich immerhin **zehn bedeutende Komponisten** verstecken (siehe Lösung Seite 181).

Ein junger Student sucht ein Zimmer in Untermiete in einer großen Universitätsstadt. Nach langem Suchen findet er endlich eines, das passt. Bevor er den Mietvertrag unterzeichnet, fragt ihn die Vermieterin, eine freundliche, ältere Dame, was er denn studiere. „Musik", antwortet der junge Mann. „Um Gottes willen, nein!", ruft da die nun gar nicht mehr so freundliche Dame und reißt den Vertrag an sich. „Alles – nur kein Musikstudent! Wir hatten da vor einiger Zeit auch so einen wie Sie – der kam zunächst ganz beethövlich, mit einem Strauß in der Hand, nahm unsere Tochter beim Händel und führte sie mit Liszt über den Bach in die Haydn. Dort war er dann zunächst sehr mozärtlich, doch dann wurde er reger und nun haben wir einen kleinen Mendelssohn und wissen nicht, wo hindemith!!!"

HAKEN-METHODE

*Es ist unglaublich, wie viele Sachen man findet,
wenn man etwas Bestimmtes vergeblich sucht.*

Georg Thomalla (1915–1999)

Haken-Methode

Stellen Sie sich vor, Sie arbeiten aushilfsweise als Garderobiere in einem Theater und dreißig Leute möchten Ihnen ihre Mäntel abgeben. Sie nehmen alle in Empfang, doch anstatt jedem Mantel fein säuberlich einen Haken zuzuweisen, werfen Sie alle auf einen Haufen. Das Chaos nach Ende der Vorstellung wäre vorprogrammiert – und der alte, aber immer noch gute Spruch „Ordnung macht das Suchen leicht" wieder einmal bestätigt.

Meine Seminare, Workshops, Vorträge etc. beginnen immer mit demselben Einstiegsritual: Ich lasse mir von den TeilnehmerInnen dreißig (je nach zur Verfügung stehender Zeit können es auch mehr sein) nummerierte Begriffe ihrer Wahl nennen, unter denen sich durchaus auch knifflige wie Fremdwörter, Spezialausdrücke, Vokabeln aus anderen Sprachen etc. befinden dürfen. Anschließend werde ich „geprüft": Was war Begriff Nr. 17? 3? 26? usw. Die Verblüffung ist jedes Mal groß, wenn ich ihnen – scheinbar mühelos und mit offensichtlichem Spaß an der Sache – „ihre" Begriffe wieder zurücknenne (und mich jedes Mal darüber freue, wenn ich dabei für mich neue und interessante Fachbegriffe mitnehme). Und die Absicht hinter diesem Einstiegsexperiment ist ebenfalls erfüllt – ich habe meine ZuhörerInnen an der Angel und kann mir ihrer Aufmerksamkeit sicher sein.

Wie funktioniert nun diese Haken-Methode? Bleiben wir beim Bild Ihres Aushilfsjobs als Garderobiere: Sie legen die Mäntel *nicht wahllos* auf einen Haufen, sondern hängen sie *ganz bewusst* an Haken auf, die in einer bestimmten Reihenfolge geordnet sind. Von dort ist es nun ein Leichtes für Sie, sie bei Bedarf wiederzufinden und herzugeben!

Natürlich kann dieses System nur funktionieren, wenn die Haken bereits vorhanden sind. Sie könnten als Garderobiere auch nicht beides machen – **zuerst den Haken** einschlagen und **dann erst** die Mäntel **aufhängen.** Und: Gut eingemauert müssen diese Haken ebenfalls sein, denn sonst fällt beides herunter – der Haken und der darauf hängende Mantel!

HAKEN-METHODE

Ich möchte Ihnen nun **drei bewährte Haken-Modelle** zur Auswahl vorlegen, die sich bestens bewährt haben, leicht einzuprägen sind und Ihnen vielleicht sogar Lust darauf machen, selbst noch weitere Modelle zu entwerfen. Ich habe dabei jedes Set mit genau zehn Haken ausgestattet, weil die Erfahrung gezeigt hat, dass diese Zahl genau das richtige Maß zwischen Machbarkeit und Herausforderung darstellt. Natürlich können Sie diese Hakenzahl gerne in weiterer Folge nach oben erweitern oder verschiedene Sets addierenderweise miteinander kombinieren – haben Sie erst einmal Blut geleckt, sind auch Ihren Möglichkeiten keine Grenzen gesetzt!

Suchen Sie sich zunächst jenes Modell aus, das Ihnen am meisten zusagt und mit dem Sie gerne beginnen möchten, um dann – ohne Leistungsdruck, aber mit viel Entdeckerfreude und Neugier – nach folgender **3-Schritte-Methode** an die Sache heranzugehen:

1 Einigen Sie sich (mit sich selbst) auf Ihre zehn Haken im jeweiligen Modell („Körper", „Auto" oder „Zahlen von eins bis zehn"). Sie finden im Anhang (Seite 182 f.) ganz speziell vorbereitete Listen, wo Sie eingeladen werden, sich zunächst wirklich Ihre EIGENEN Haken zu erschaffen. Unterliegen Sie dabei nicht der Versuchung, sofort nachzuschauen, wie meine Vorschläge aussehen – decken Sie sie zu und vergleichen Sie erst, wenn Sie es wirklich selbst probiert haben. Warum? Weil es dann wirklich Ihre (eigenen, ganz persönlichen) Haken sind.

2 Visualisieren Sie Ihre Haken so konkret wie möglich, d. h. STELLEN Sie sie VOR Ihr geistiges Auge.

3 Bleiben Sie unbedingt (bei Körper und Auto) bei der einmal gewählten Reihenfolge; spielen Sie Tonleiter üben in der Einprägephase – stellen Sie sich Ihre Haken sowohl in ihrer Abfolge vorwärts als auch rückwärts möglichst oft vor. Dies geht übrigens hervorragend in Zeiten, die man doppelt besetzen kann, z. B. beim morgendlichen Zähneputzen oder bei anderen Routinetätigkeiten im Laufe des Tages. Und als kleine Erinnerungshilfe dafür (weil es natürlich ist, dass man zunächst nicht daran denkt) einfach einen Punkt auf eine Spiegelecke kleben (vielleicht mit einem kleinen Haken drauf?), der Sie daran erinnert, Ihre Haken durchzugehen.

HAKEN-METHODE

Wenn Sie schließlich das Gefühl haben, Ihre Haken sitzen, sind also bereits gut eingemauert, dann kann es losgehen: Je nachdem, wie wagemutig Sie sind, probieren Sie das Aufhängen und Wiederfinden nun zunächst im Alleingang, nur mit sich selbst aus, oder suchen Sie sich ein Opfer und bitten es, Ihnen zehn Begriffe zu nennen (oder zwanzig, je nachdem, wie viele Haken Sie bereits benützen können und wollen), die Sie ihm dann – zu seiner Verblüffung beinahe mühelos – wiedergeben können, noch dazu in welcher Reihenfolge auch immer!

Sie werden sehen, es funktioniert – und macht Spaß! Und was zunächst nur als spielerische Hirngymnastik begonnen hat, kann Ihnen in weiterer Folge helfen, manchmal auch ganz bewusst ohne Einkaufszettel oder schriftliche Aufzeichnungen auszukommen. Dies erhöht nicht nur Ihr Selbstwertgefühl und Ihren Stolz auf sich selbst, sondern trainiert nebenbei Ihre grauen Zellen und Ihre Kreativität auf höchst vergnügliche Art und Weise. Sie werden es gewohnt, in Bildern zu denken – in Bildern, die Sie spontan dadurch erschaffen, indem Sie zum Teil völlig unzusammenhängende Dinge miteinander verknüpfen. Und Sie werden sehen – je komischer und absurder diese Bilder sind, desto besser bleiben sie im Gedächtnis hängen!

Für das eingangs erwähnte Einstiegsexperiment bei meinen Seminaren verwende ich übrigens die Zahlen von eins bis dreißig als Haken (ich habe also jeder Zahl ein fixes Bild zugeordnet, das mir als Aufhänger für den jeweiligen Begriff dient, der mir von den TeilnehmerInnen vorgegeben wird). Deshalb ist es möglich, die Wörter in willkürlicher Reihenfolge wieder abzuholen. (Was war 11? 23? etc.) Ein Beispiel zur Illustration: Mein Haken Nr. 24 ist aus nahe liegendem Grund ein „Weihnachtsbaum". Nehmen wir an, als 24. Wort wird Golfball genannt. Wie würden Sie nun den Golfball mit dem Weihnachtsbaum verknüpfen? Eine Packung Golfbälle unter den Christbaum legen? Statt glitzernder Kugeln einfach viele Golfbälle aufhängen? Einen Weihnachtsbaum am Golfplatz mit einem gezielten Ball umwerfen? Nehmen Sie einfach das erstbeste Bild, das Ihnen bei der Kombination dieser beiden Begriffe einfällt – es ist wirklich das Beste, und Sie wissen ja: je bunter und witziger, desto einprägsamer!

HAKEN-METHODE

Und wenn Sie jetzt Lust aufs Ausprobieren bekommen haben und mit genau diesem Experiment jemanden verblüffen wollen: Hier finden Sie das nötige Werkzeug, um sich zunächst zwanzig Haken einzuschlagen. Sie werden sehen, es ist nicht mehr aufwändig, denn zwölf davon kennen Sie bereits aus dem Kapitel „Geburtstage einprägen"!

Zahlenbilder 0 bis 10

	Meine persönlichen Haken	Vorschlag LMS
0		**Luftballon** (Form)
1		**Kerze** (Form)
2		**Ei** (Reim)
3		**Drei**zack
4		Kla**vier**
5		**Hand**(schuh) (5 Finger)
6		**Hex'** (Reim)
7		**Sieb** (Wortanfang)
8		Sch**acht** (Reim), auch Schachtel, Schach
9		**Scheun'** (Reim)
10		**Z**ug (wegen „Z")

HAKEN-METHODE

Zahlenbilder 11 bis 20

	Meine persönlichen Haken	Vorschlag LMS
11		**ELF**en (Wortanfang)
12		**WÖLF'** (Reim)
13		W**ei-zen** (Rhythmus; dieselben Vokale)
14		B**ier-zelt** (Rhythmus; dieselben Vokale)
15		Sch**lüm-pfe** (Rhythmus; dieselben Vokale)
16		**Disco** (darf man endlich mit 16!)
17		**Udo Jürgens** („17 Jahr, blondes Haar")
18		**Führerschein** (mit 18)
19		Sch**näuz**–tuch (Rhythmus; Reim und „z")
20		**Ran-zen** oder **ranzig** (Reim)

HAUS DER GESCHICHTE

Das Leben kann nur rückblickend verstanden werden, es muss aber vorausschauend gelebt werden.
Sören Kierkegaard (1813–1855)

Haus der Geschichte

In ihrem äußerst lesenswerten Buch „Brainbuilding" lädt uns die Autorin Marilyn vos Savant ein, unser Gefühl für Perspektive zu überprüfen. Sie stellt folgende Frage: Wenn Sie ein direkter Nachfahre von Julius Caesar wären: Wie viele andere direkte Nachfahren stünden dann zwischen Ihnen und ihm?[14] Die meisten Leute würden wohl antworten: hunderte – dabei sind es gerade einmal 61 Großmütter, die wir auf einer imaginären Zeitschiene von diesen fernen Tagen der Antike bis jetzt aufstellen könnten.[15] Wenn William Shakespeare (gest. 1616) oder Goethe (gest. 1832) unsere Vorfahren gewesen wären, könnten wir die dazwischen liegenden Großväter – elf bei Shakespeare bzw. gerade einmal fünf bei Goethe – problemlos in unserem Wohnzimmer unterbringen. Das scheinbar im Nebel der Jahrhunderte und Jahrtausende verlorene Altertum liegt also in Wirklichkeit noch nicht so lange zurück, wie wir oft zu denken geneigt sind.

Selten wird ein Fach so unterschätzt wie Geschichte – sie ist nicht nur das Gerüst, das Netz, in das viele andere Wissensgebiete eingehängt werden können, sondern sie lehrt uns auch das so wichtige Gefühl für Perspektive. Alles Bedeutende, was in Wissenschaft, Kunst, Technik, Medizin oder Architektur geschaffen wird, ist auch Bestandteil der Menschheitsgeschichte. Obwohl wir im Schulunterricht von Epochen oder Zeitaltern hören, verläuft die Zeit in einer ungebrochenen Linie, in der nichts für sich allein steht. Sie wird geprägt von bedeutenden Ereignissen, die von früheren Ereignissen beeinflusst sind und wiederum spätere nach sich ziehen. Eintauchen in, sich *ein*lassen auf Geschichte hilft uns, unsere Fähigkeit zur Perspektive auszubauen. Sie kennen die Lebensregel, die Marilyn vos Savant ebenfalls zitiert: Wenn wir nicht aus den Fehlern der Geschichte, aber auch unseres Lebens lernen, sind wir verdammt, diese zu wiederholen.[16]

Gerade deshalb ist es schade, wenn Geschichte für junge Menschen nicht mehr als ein uninteressantes Unterrichtsfach ist, das nur aus langweiligen

HAUS DER GESCHICHTE

Jahreszahlen besteht. Hier liegt so viel Potenzial verborgen – lassen Sie uns gemeinsam entdecken, wie Geschichte mithilfe gehirn-gerechter Anschauungsmaterialien zur spannenden Reise in die Vergangenheit werden kann. Dass wir so nebenbei damit auch unser Gedächtnis trainieren, ist nur recht und billig – nicht zuletzt deshalb haben Sie ja diesen Ratgeber erworben!

Kennen Sie das wohltuende Gefühl, das der Anblick eines mächtigen Baumes, fest verwurzelt in der Erde, mit starken, dicht beblätterten, beinahe bis zum Boden reichenden Ästen auf den Betrachter ausübt? Als ich genau so einen Baum im März 2003 in einer Buchhandlung in Graz auf einem ca. einen Quadratmeter großen Poster dargestellt sah, wurde ich wie magnetisch angezogen. Ich ging näher heran und entdeckte, dass es sich bei diesem Baum um einen „Geschichtebaum Europas", entworfen von der Historikerin Britta Orgovanyi-Hanstein, handelte.[17] Fest verwurzelt in der Antike, bildet sein Stamm „Politik" das Zentrum, das sich zu einer mächtigen Krone auswächst. Links und rechts davon zweigen die beiden Äste „Kirche" und „Kultur" ab, gefolgt von weiteren Ästen. Jeder Ast gehört einem Land Europas; die Blätter auf den einzelnen Ästen enthalten in chronologischer Reihenfolge, vom Stamm ausgehend, die wesentlichsten geschichtlichen Ereignisse in diesen Ländern bis herauf ins Jahr 2000. Durch die Idee der „gebogenen Zeit", die sich am Baum als herabhängende Äste darstellt, können geschichtliche Ereignisse in verschiedenen Staaten und Gebieten Europas zu einem bestimmten Zeitpunkt vergleichbar gemacht werden.

Abgesehen davon, dass der Baum an sich ein gelungenes Kunstwerk ist, finde ich die dahinter stehende Idee schlichtweg faszinierend – ein Muss für historisch interessierte Menschen, die (so wie ich) im Unterricht nicht aufgepasst haben.

Auch einen Einsatz im Schulunterricht kann ich mir gut vorstellen: In noch größerem Format (und wenn möglich nicht koloriert) an einer Klassenzimmerwand aufgehängt, könnte er zum treuen (fächerübergreifenden!) Begleiter einer Klasse werden, sobald im 6. Schuljahr der Geschichteunterricht einsetzt. Genau wie das Wissen der SchülerInnen wächst, könnte auch der Baum wachsen, wenn im Musik-, Religions-, Deutsch-, Zeichen- oder Geschichteunterricht Wissensgebiete durchgenommen werden,

HAUS DER GESCHICHTE

deren Blätter dann am Baum gesucht und händisch angemalt werden. („Dieses Blatt = Wissen gehört jetzt uns.")

Haben Sie sich im Schatten dieses mächtigen Baumes ein wenig ausgeruht? Dann möchte ich Sie noch gerne in mein „Haus der Geschichte" einladen, das bereits in der Kapitelüberschrift angeklungen ist. Dieses Haus ist sehr groß, hat viele Räume und steht in einem wunderschönen Park mit einem kleinen Teich, umgeben von einem dichten Wald. Haben Sie Lust, etwas näher zu treten?

HAUS DER GESCHICHTE

Zuerst muss ich Ihnen jedoch etwas gestehen: Ich liebe dieses Haus, seine ganz eigene Atmosphäre und seine verschiedensten Gäste, die mir mittlerweile zu vertrauten Bekannten geworden sind. Doch – ich habe mir dieses Haus zunächst aus rein mnemotechnischen Gründen eingerichtet. Bei Gedächtniswettbewerben (z. B. den bereits erwähnten „Mind Games" in Österreich) gibt es einen Bewerb, der sich „Historische Daten" nennt. Die Teilnehmer bekommen eine Liste von 50 historischen Daten und fünf Minuten Zeit, sich diese Ereignisse mit den jeweiligen Jahreszahlen einzuprägen. Anschließend gibt es wieder fünf Minuten Zeit für die Wiedergabe – nun sind die Ereignisse bunt durcheinander gewürfelt, und die Teilnehmer müssen aus dem Gedächtnis die (richtige!) Jahreszahl dazuschreiben. Wie dies nun genau funktioniert, dass man sich in so kurzer Zeit z. B. 33 Geschichtsdaten richtig(!) merkt, erkläre ich Ihnen später im Detail im Kapitel „Zahlen merken – kein Problem!".

Nur so viel vorweg: Mein „Haus der Geschichte" mit seiner Umgebung besteht aus Räumen und Plätzen, die jeweils einem bestimmten Jahrhundert zugeordnet sind. In diesen Räumen treffen sich Persönlichkeiten aus den verschiedensten Bereichen, die im selben Jahrhundert geboren wurden. Jeder Raum hat einen unverwechselbaren Charakter, um mir selbst und meinen Gästen das Zurechtfinden zu erleichtern. Falls Sie es mir gleichtun wollen – und ich lade Sie herzlich dazu ein –, lassen Sie sich Zeit, wenn Sie sich ebenfalls so ein Haus einrichten wollen! Auch Rom wurde nicht an einem Tag erbaut. Überlegen Sie sich gut, welcher Raum bei Ihnen z. B. sämtliche Gäste beherbergen sollte, deren Geburtsjahr mit 11.., 12.., 13.. etc. beginnt. Sie brauchen einen Wegweiser, der Sie – und Ihren Gast – schnell und ohne viele Umwege (= langes Nachdenken) in diesen Raum führt.

Ich lasse Sie gerne in meine Baupläne blicken, um Ihnen eine Ahnung davon zu geben, wie es funktionieren kann: Bei mir ist es das Badehaus am zauberhafte Teich am Ende des Gartens. Warum? Weil hier die ELFen zuhause sind, die des Nachts um diesen Teich tanzen ... Alle Persönlichkeiten, deren Geburtsjahr mit 12.. beginnt, treffen sich im nahe liegenden Wald – hier wohnen nämlich die WÖLF' ... Neben meinem „Haus der Geschichte" wogt ein gelbes WEIZENfeld – dreimal dürfen Sie raten, warum es sich ausgerechnet hier Giovanni Boccaccio (geb. 1313) mit seiner berühmten Erzählsammlung „Il Decamerone" gemütlich macht. Wenn

HAUS DER GESCHICHTE

Sie Lust haben, selbst weitere Ideen für Räume in Ihrem „Haus der Geschichte" zu finden, blättern Sie einfach zurück zum Schluss des vorhergehenden Kapitels „Haken-Methode" und lassen Sie sich inspirieren!

Und wenn Sie Ihr Haus dann fertig eingerichtet haben, laden Sie sich Ihre Gäste ein – wen immer Sie möchten! Ob es sich um eine berühmte Persönlichkeit handelt, die man kennen sollte, oder um jemanden, der weniger bekannt, aber trotzdem für Sie interessant ist – es wird im Laufe der Zeit eine ganz besondere Gästeschar, die Ihr Haus bevölkert, zu dem nur Sie Zutritt haben (aber dies, wann immer Sie wollen).

Sie sehen: Hier wird Mnemotechnik nicht zum spielerischen Selbstzweck eingesetzt, sondern dient dem ganz persönlichen Wissensmanagement. Und so treffen sich z. B. in „meinem" Haus in dem für das 18. Jahrhundert reservierten Raum – zufällig einem Musiksaal – Musiker wie Haydn, Beethoven oder Rossini, während ihnen im Zuschauerraum Kant, Fichte oder Goethe interessiert lauschen. Dass alle diese Persönlichkeiten auch die Bilder ihrer Geburts- und Todesjahre auf witzig-kreative Weise mit sich verknüpft „herumtragen" (wie Sie später noch sehen werden), macht das Ganze noch einprägsamer, hilft bei der zeitlichen Einordnung und ist nebenbei eine ungemein spannende und gleichzeitig bereichernde Kreativitäts- und Gedächtnisübung. Mit all diesen Rastern und Einordnungsmöglichkeiten ausgerüstet, macht das Eintauchen in die Geschichte Spaß. Mühsames Pauken von Jahreszahlen gehört der Vergangenheit an – es ist jetzt eine weitere Trainingsmöglichkeit fürs Bilderdenken und wird so nebenbei einfach mitgenommen.

Natürlich stellt sich berechtigterweise die Frage: Ist die Kenntnis von Jahreszahlen ein wesentliches Kriterium für das Verständnis geschichtlicher Zusammenhänge? Wenn diese Zahlen nur aus „lern- und prüfungstechnischen" Gründen (meist mühsam) eingeprägt, um nach erfolgter Reproduzierung wieder vergessen zu werden – *nein*. Wenn sie aber dazu herangezogen werden, um geschichtliche Ereignisse besser einordnen, um Zusammenhänge herstellen zu können, dann lautet die Antwort eindeutig *ja*! Und wenn das Ganze noch dazu auf so unterhaltsam gehirngerechte Art und Weise vor sich geht – *warum nicht?*

INTELLIGENZEN | 1

Das Gedächtnis ist die Intelligenz der Dummen.
Mark Twain (1835–1910)

Intelligenzen
verschiedenster Art

Ein – auf den ersten Blick – sehr provokantes Zitat in einem Buch, in dem unser Gedächtnis mit all seinen (ungenutzten) Möglichkeiten im Mittelpunkt steht, finden Sie nicht? Es rückt jedoch auf sehr treffende Weise die Irrmeinung zurecht, jemand mit einem außergewöhnlichen Gedächtnis sei automatisch intelligent. Intelligenz ist viel mehr – sie ist unsere Fähigkeit, erfolgreich auf neue Situationen zu reagieren und aus unseren Erfahrungen zu lernen. Sie zeigt sich in unserem Umgang mit allen Aufgaben, die das Leben uns stellt.

In seinem bahnbrechenden Buch **„Abschied vom IQ"** („Frames of Mind") brachte Howard Gardner vor rund zwanzig Jahren mit seiner Theorie der „Multiplen Intelligenz" Bewegung in das Erkennen menschlicher Möglichkeiten. Der wissenschaftliche Drang, menschliche Intelligenz durch IQ-Tests zu messen, in eine Skala zu bringen und dadurch oft über Karrieren, ja Schicksale (und nicht selten falsch) zu entscheiden, ließ ihn nach einem besseren Verständnis des menschlichen Intellekts suchen.

Intelligenz ist nach Gardner das „biopsychologische Potenzial zur Verarbeitung von Informationen, das in einem kulturellen Umfeld aktiviert werden kann, um Probleme zu lösen oder geistige oder materielle Güter zu schaffen, die in einer Kultur hohe Wertschätzung genießen".[18] Statt eine Theorie vorzulegen, in der lediglich Eigenschaften katalogisiert sind, in denen die Menschen sich auszeichnen können, schlug Gardner vor, den Begriff der Intelligenz so zu erweitern, dass er viele Fähigkeiten einschließt, die man vorher außerhalb des Bereichs der Intelligenz angesiedelt hatte. Mit der These, dass diese Fähigkeiten relativ unabhängig voneinander fungieren, widersprach er außerdem der verbreiteten Annahme, Intelligenz sei eine ganzheitliche, homogene Fähigkeit und das Individuum entweder schlechthin „dumm" oder „intelligent".[19]

INTELLIGENZEN

Zu Recht stellte Gardner fest, dass der verbalen und logischen Intelligenz in unserer Kultur zu viel Aufmerksamkeit zukommt, während andere Formen der Intelligenz (die sich schwer bis gar nicht mittels klassischer Intelligenztests quantifizieren lassen) ignoriert werden. Deshalb lenkt Gardner unsere Aufmerksamkeit auf (zunächst) sieben Möglichkeiten, intelligent und schöpferisch tätig zu sein. Hier nun diese sieben Intelligenzen, kurz skizziert:

Sprachliche Intelligenz: Hier geht es um unsere Sensibilität für die gesprochene und geschriebene Sprache, um die verbale Geschicklichkeit, wie sie z. B. ein Anwalt, Schriftsteller, Lehrer oder Politiker benötigt.

Herausragende Persönlichkeiten mit außergewöhnlich hoher sprachlicher Intelligenz waren z. B. Shakespeare oder Goethe.

Mathematisch-logische Intelligenz: Das ist die Intelligenz, die mit Zahlen und Logik operiert. Sie beschreibt die Fähigkeit, Probleme logisch zu analysieren, in Begriffen von Ursache und Wirkung zu denken und wissenschaftliche Fragen zu untersuchen. Computerprogrammierer, Mathematiker, Naturwissenschafter und Controller sind auf ein hohes Maß dieser Intelligenz besonders angewiesen.

Herausragende Vertreter: Aristoteles, Galilei.

Räumliche Intelligenz umfasst sowohl das (theoretische und praktische) Verständnis für Strukturen großer Räume, wie sie etwa von Piloten oder Seeleuten zu bewältigen sind, als auch das Erfassen eng begrenzter Raumfelder, wie dies für Architekten, Grafiker oder Schachspieler wichtig ist.

Herausragende Vertreter: Leonardo da Vinci, Gary Kasparow.

Musikalische Intelligenz bedeutet Begabung zum Musizieren, zum Komponieren und Sinn für die musikalischen Prinzipien. Über diese Intelligenz verfügen nicht nur Komponisten und Rocksänger, sondern jeder, der singen und im Takt tanzen kann. Nach Gardner ist die musikalische Intelligenz eine strukturelle Parallele zur sprachlichen Intelligenz. Während jedoch Letztere als „Intelligenz" bezeichnet wird, ist es weder wissenschaftlich noch logisch gerechtfertigt, Erstere hingegen als „Talent" hinzustellen.

INTELLIGENZEN

Herausragende Vertreter: Wolfgang A. Mozart, John Lennon/Paul McCartney, Nikolaus Harnoncourt.

Die **körperlich-kinästhetische Intelligenz** ist die Intelligenz unseres Körpers und bezeichnet die Fähigkeit, unsere Bewegungen zu kontrollieren und unseren Körper oder einzelne Körperteile geschickt einzusetzen. Handwerker und Sportler, aber auch Chirurgen, Elektriker oder Schauspieler und Tänzer brauchen ein hohes Maß dieser Intelligenz. Herausragende Vertreter: Christian Barnard, Rudolf Nurejew, Tiger Woods.

Interpersonale Intelligenz bezeichnet die Fähigkeit, Absichten, Wünsche und Motive anderer Menschen zu verstehen und daher erfolgreich mit ihnen zu kommunizieren und zu kooperieren. Sie zeigt sich besonders dann, wenn wir auf Stimmungen und die Bedürfnisse anderer sensibel reagieren. In allen Berufen, wo Führungsarbeiten wahrgenommen werden, ist diese Intelligenz besonders wichtig – also bei Politikern, Therapeuten genauso wie bei Lehrern, Schauspielern oder Managern.

Herausragende Vertreter: John F. Kennedy, Nelson Mandela.

Die **intrapersonale Intelligenz** umfasst unsere Fähigkeit, die eigene innere Welt zu verstehen, ein lebensgerechtes Bild der eigenen Persönlichkeit mit all ihren Facetten zu entwickeln und dieses Wissen im Alltag einzusetzen. Typische Berufe, wo ein hohes Maß dieser Intelligenz vonnöten ist, sind jene des Beraters, Theologen, aber auch des Spitzensportlers als Einzelkämpfer.

Herausragende Vertreter: Franz von Assisi, Thomas von Aquin, Lance Armstrong.

Als Gardner diese sieben Intelligenzen 1983 beschrieb, ließ er bereits damals offen, ob es noch weitere Erscheinungsformen von Intelligenz geben könnte. In seinem neuen Buch „Intelligenzen. Die Vielfalt des menschlichen Geistes" (2002) zog Gardner drei weitere Formen in die engere Wahl der Überprüfung – eine naturkundliche Intelligenz und eine „Lebensintelligenz" als enger gefasste Variante einer „spirituellen Intelligenz". Gardner belässt es dabei, diese Lebensintelligenz als möglichen Teil des Intelligenzspektrums lediglich in Erwägung zu ziehen.[20]

I INTELLIGENZEN
••••••••••••••••••

Seiner Beurteilung nach blieb nur die **naturkundliche Intelligenz** als nunmehr achte übrig. Diese befähigt zur Erkennung und Klassifizierung der Flora und Fauna – der zahlreichen biologischen Arten des Lebensbereichs eines Menschen. Herausragende Vertreter: Charles Darwin, Carl von Linné.

Kreativität ordnet Gardner nicht einer eigenen Intelligenzkategorie, sondern „sonstigen schöpferischen Fähigkeiten" zu. Alexander Christiani und Frank M. Scheelen[21], die ihren Talentförderungs-Ansatz auf dem Konzept der multiplen Intelligenz von Gardner aufbauen, nehmen auch eine **assoziativ-kreative Intelligenz** – neben der oben erwähnten spirituellen Intelligenz oder Lebensintelligenz – in ihr Spektrum der vielfachen Intelligenzen auf. Wir schließen uns dieser Ansicht an. Lebensintelligenz ist laut Gardner „die Fähigkeit, sich zu den äußersten Grenzen des Kosmos, dem Unendlichen ... ins Verhältnis zu setzen und die verwandte Fähigkeit, sich mit so zentralen existentialen Momenten ... wie der Bedeutung des Lebens und dem Sinn des Todes ... auseinander zu setzen".[22] **Spirituelle Intelligenz** zieht demnach eine besondere Sensibilität für die Beschäftigung mit dem Transzendenten nach sich. Jesus, Buddha oder der Dalai Lama waren hier zweifellos herausragende Vertreter.

Auch die Fähigkeit zu schöpferischem Denken, zu assoziieren und zu verbinden und dadurch neue Kompositionen herzustellen, kann durchaus als eigenständige Formen einer Intelligenz betrachtet werden. In einer Welt, wo immer mehr Informationen in immer kürzerer Zeit auf uns einstürmen, wird die Fähigkeit, Daten auf neue Art zu sinnvollen Inhalten verknüpfen zu können, zu einem Schlüsselfaktor wirtschaftlichen, aber auch persönlichen Erfolgs. Laut Christiani/Scheelen hält Gary Hamel, einer der weltweit führenden Strategieexperten, die Fähigkeit des „Denkens gegen Regeln" für den wichtigsten strategischen Erfolgsfaktor der Zukunft überhaupt.[23]

Doch gleichgültig, ob man nun Intelligenz als Oberbegriff für acht oder zehn Intelligenzkategorien sieht – das Bahnbrechende im Konzept der multiplen Intelligenz besteht darin, unter Intelligenz nicht mehr nur die in IQ-Tests gemessene Rechnerleistung unseres Gehirns zu verstehen, sondern auch Fähigkeiten und Talente, die jenseits der sprachlichen und

INTELLIGENZEN

mathematisch-logischen Komponenten von Intelligenz liegen. Diese Fähigkeiten gilt es zu entdecken, zu schätzen und zu fördern, in erster Linie in uns selbst, in weiterer Folge aber auch bei anderen Menschen, die uns auf irgendeine Art anvertraut sind – sei es nun als Eltern, Lehrer, Coach oder Führungskraft. Der Denkansatz, Intelligenz als Summe unterschiedlicher Intelligenzkategorien zu sehen, kann uns bei dieser Suche eine Hilfe sein. Deshalb wollen wir ihn in eine Metapher, ein Bild verwandeln, um noch besser damit umgehen zu können – schließlich befinden wir uns ja in einem Buch über Gedächtnistraining, in dem das bildliche Denken eine nicht unwesentliche Rolle spielt![24]

Nehmen wir dazu den Spruch des griechischen Philosophen Plutarch: *Der Verstand ist kein Gefäß, das gefüllt werden muss, sondern ein Feuer, das nur entzündet zu werden braucht.* Zunächst müssen wir ihm allerdings widersprechen: Sehen wir unseren Verstand, unsere Gesamtintelligenz, als eine wunderschöne, durchsichtige Glasvase, gefüllt mit zahlreichen Kugeln von verschiedensten Farben. Jede Farbe symbolisiert eine der acht bzw. zehn Intelligenzen, unsere Talente und Begabungen, die in uns angelegt sind (in uns hineingelegt wurden) – also z. B. Blau für verbal-sprachliche Intelligenz, Grün für räumliche, Rot für assoziativ-kreative Intelligenz usw. Solange diese Fähigkeiten nur in uns schlummern, sind die Farben dieser Kugeln noch eher blass und kaum wahrnehmbar. Werden sie jedoch – sei es aus Eigendynamik, aus Eigeninteresse oder gefördert durch ein aufmerksames Umfeld – zum Leben erweckt, beginnen diese Farben zu leuchten, zu funkeln und scheinen jenes Feuer zu versprühen, von dem Plutarch in seinem Aphorismus spricht. Einmal entzündet, haben diese Kugeln auch die Eigenschaft, sich zu vermehren – und wenn es sich dabei um solche einer einzigen Farbe handelt, können wir uns an der Arbeit oder den Werken eines außergewöhnlich Begabten, vielleicht eine Genies, auf diesem Gebiet erfreuen.

An uns liegt es zu entdecken, von welcher Farbe (und welcher Intensität) jene Kugeln sind, die in unserer Vase in größerer Zahl als andere vorhanden sind. An uns liegt es aber auch, diese Kugeln zum Leuchten zu bringen – vielleicht sind sie uns dann Leuchten auf unserem Weg in ein erfülltes Berufsleben? Eines ist sicher: Die Auseinandersetzung mit den vielfachen Intelligenzen in uns machen uns zu einer schillernden Persönlichkeit,

INTELLIGENZEN

die ihre Schwächen mit der nötigen Gelassenheit hinnimmt, sich aber ihrer Stärken bewusst ist – und auch der Tatsache, dass genau diese Stärken noch gestärkt werden müssen, um erfolgreich zu sein (nach dem Motto „Ohne Fleiß kein Preis").

Doch nicht nur in uns selbst – auch bei Menschen, die uns anvertraut sind, gilt es diese Stärken zu entdecken. Bleiben wir im Berufsleben, wo für Führungskräfte genau diese Fähigkeit unabdingbar ist. Fredmund Malik, der Management-Experte schlechthin, bringt es folgendermaßen auf den Punkt: „Die Aufgabe von Management ist es, Menschen so zu nehmen, wie sie sind, ihre Stärken herauszufinden und ihnen durch entsprechende Gestaltung ihrer Aufgaben die Möglichkeit zu geben, dort tätig zu werden, wo sie mit ihren Stärken eine Leistung erbringen und Ergebnisse erzielen können."[25] Er liefert auch gleich ein treffendes Bild dazu: „Man kann aus einer Milchkuh kein Wollschaf machen. Daher wird von der Kuh verlangt, dass sie Milch gibt – gute und in ausreichender Menge –, ohne sie dafür zu kritisieren, dass sie keine Wolle gibt."[26]

Dass diese Aufgabe – **Stärken zu finden** – nicht leicht ist, wissen wir. Schwächen fallen uns (bei uns und anderen) allein schon deshalb auf, weil sie störend sind. Um Stärken bei uns und anderen zu entdecken, müssen wir uns intensiv mit dem Menschen auseinander setzen; es muss genügend Zeit und Interesse vorhanden sein. Management ist die schöpferischste aller Künste – die Kunst, Talente richtig einzusetzen, sagte Robert McNamara, Politiker, Manager und Präsident der Weltbank von 1968 bis 1981 dazu einmal.

In seinem – nicht nur für Wirtschaftsinteressierte – äußerst lesenswerten Buch „Führen, Leisten, Leben" belässt es Fredmund Malik jedoch nicht nur bei der oben erwähnten Forderung, sondern liefert auch eine wertvolle Hilfestellung dazu: Die entscheidende Frage, um Talente zu erkennen, lautet entgegen der allgemein vorherrschenden Meinung nämlich nicht: Was machst du gerne?, sondern: **Was fällt dir leicht?**

Es gibt keine automatische, zwingende Korrelation zwischen etwas gerne tun und etwas gut tun. Einstein spielte z. B. sehr gerne Geige, und wenn ihn ein Berufsberater gefragt hätte: „Was würdest du denn gerne tun?" (um einen Hinweis auf einen Wunschberuf zu erhalten), hätte er wahr-

INTELLIGENZEN

scheinlich geantwortet: „Ich wäre gerne ein großer Violinist." Zum Glück hatte er seine größten Erfolge in Mathematik und Physik – in den Fächern, die ihm schon in der Schule leicht fielen. Dass er in anderen nicht brillierte, ist hinlänglich bekannt; er war allerdings kein schlechter (wie dies oft behauptet wird), sondern für einige Lehrer unbequemer Schüler – ein Schicksal, das er mit vielen anderen (nicht erkannten) hoch begabten Kindern teilt.

Schließen wir nun den Kreis, indem wir wieder zum Anfang des Kapitels mit seinem bewusst provokanten Zitat Mark Twains zurückkehren: „Das Gedächtnis ist die Intelligenz der Dummen." Wenn wir nur auf der Ebene der Gedächtnisstrategien und Mnemotechniken stehen bleiben, müssen wir Mark Twain Recht geben. Wir haben aber in diesem Kapitel gesehen, von welch unterschiedlichen Perspektiven wir unsere Intelligenz(en), unsere Begabungen und Talente betrachten, entdecken und entwickeln können. Ein gutes Gedächtnis unterstützt uns natürlich dabei, macht vieles einfacher und kann so dazu beitragen, unsere Intelligenz insgesamt zu erhöhen!

Haben Sie nun Lust bekommen, Ihre Talente, Ihre Intelligenzen (noch) besser kennen zu lernen? Zum Abschluss dieses Kapitels lade ich Sie zu einem Begabungstest* ein, in dem Sie Ihre Fähigkeiten in sechs Begabungsbereichen selbst erforschen können. Auch hier wieder: viel Spaß und Entdeckerfreude!

---

* Der vorliegende Begabungstest wurde freundlicherweise vom youngworld-institut für begabungsanalyse, Loristraße 2, 80335 München zur Verfügung gestellt; alle Rechte bei youngworld www.youngworld-institut.de. Sie finden ihn auch in Christiani/Scheelen, a.a.O., S 95 ff.

I INTELLIGENZEN

Begabungstest

Den Begabungstest in diesem Buch können Sie selbst durchführen, anschließend auswerten und schließlich alle Ergebnisse in Ihr persönliches Begabungsprofil eintragen.

Wichtige Hinweise zum Test:

- Es gibt sechs Begabungsbereiche mit je fünf Aufgabenarten. In jeder Aufgabenart gibt es vier Aufgaben in aufsteigenden Schwierigkeitsgraden, sodass jeweils vier Punkte erreicht werden können. Höchstpunktezahl pro Begabungsbereich, z. B. Kreativität, ist also zwanzig.

- Die Lösungen finden Sie auf dem Lösungsblatt am Ende des Tests. Hier können Sie Ihre persönliche Punktzahl für jeden Begabungsbereich ermitteln.

- Wenn Sie Ihre Punktzahlen für die einzelnen Begabungsbereiche kennen, können Sie im Anschluss alle Ergebnisse in Ihr persönliches Begabungsprofil eintragen. Sie sehen dann auf einen Blick, wo Ihre Stärken liegen.

- Pro Begabungsbereich werden ca. fünf bis zehn Minuten benötigt.

- Es ist sehr wichtig, dass die angegebenen Zeiten der einzelnen Aufgaben, z. B. dreißig Sekunden, nicht überschritten werden, sonst ist der ganze Test nur ein Zeitvertreib ohne wirkliche Aussage.

- Zwischen den Aufgaben können Pausen je nach Bedarf eingelegt werden. Selbstverständlich kann man den Test aber auch am Stück machen. Sie sollten für die Durchführung ausgeruht sein.

Getestet werden
1. Verbale Begabung
2. Logisch-mathematische Begabung
3. Kreative Begabung
4. Räumliche Begabung
5. Musikalische Begabung
6. Sportliche Begabung

Viel Spaß und Erfolg!

INTELLIGENZEN

Sprachliche Begabung

1. Aufgabe – **Wortsalat:** In den Buchstabenreihen unten verbergen sich sinnvolle, bekannte Wörter. Welche? Bitte tragen Sie das Wort daneben ein! (Zeit: 60 Sekunden)

1. B L E N E _____
2. K R E U G _____
3. P E P E R T _____
4. A S F I O K _____

2. Aufgabe – **Wortschatz:** Ersetzen Sie die folgenden Wörter durch einen anderen Ausdruck gleicher Bedeutung, der jeweils nur aus sechs Buchstaben besteht. (Zeit: 60 Sekunden)

Beispiel: *Ausfuhr = Export*.

1. Belastung _____
2. Begabung _____
3. Dichtung _____
4. Sumpf _____

3. Aufgabe – **Lebendiger Wortschatz I:** Fügen Sie bitte in die Mitte der unten aufgeführten Anfangs- und Endsilben immer drei Buchstaben ein, sodass sich jeweils zwei sinnvolle Wörter ergeben. (Zeit: 60 Sekunden)

Beispiel: *S T R (E I T) E L* – zwei getrennte Wörter, Streit und eitel, sind entstanden. Machen Sie es nun bitte genauso.

1. F R O (_ _ _) L A U   2. P R (_ _ _) E N
3. S T (_ _ _) T E   4. F R (_ _ _) N T

INTELLIGENZEN

4. Aufgabe – **Lebendiger Wortschatz II:**

Suchen Sie bitte zu den unten aufgeführten Anfangsbuchstaben oder -silben jeweils eine Endung, mit der sich drei sinnvolle Wörter ergeben. (Zeit: 60 Sekunden)

Beispiel: M
          H   *aus*
          L

1.   H
     L   _____
     S

2.   W
     St   _____
     Br

3.   V
     N   _____
     H

4.   Ar
     Hoch   _____
     Wage

INTELLIGENZEN

5. Aufgabe – **Wortflüssigkeit:**

Finden Sie zu den unten angegebenen Endungen möglichst viele Wörter. Ab sieben Wörtern gibt es jeweils einen Punkt. (Zeit: zwei Minuten)

1. -icht: _____

    _____

    _____

2. -anz: _____

    _____

    _____

3. -ade: _____

    _____

    _____

4. -ant: _____

    _____

    _____

INTELLIGENZEN

Logisches Denken

1. Aufgabe – **Logische Reihen:**

Am Ende der unten aufgeführten Zahlenreihen fehlt jeweils die letzte Zahl. Welche ist es? Bitte tragen Sie die richtige Zahl ein! (Zeit: 60 Sekunden)

1. 2   4   8   16   __
2. 7   3   12   8   __
3. 26   15   7   28   17   __
4. 23   47   95   __

2. Aufgabe – **Reihen fortsetzen:**

Am Ende der unten aufgeführten Bilderreihen fehlt jeweils das letzte Bild. Wie muss es aussehen? Zeichnen Sie bitte die richtigen Lösungen ein! (Zeit: 60 Sekunden)

68

INTELLIGENZEN

3. Aufgabe – **Regel erkennen:**

In den unten aufgeführten Kreisen ist eines der je vier Felder leer geblieben. Was muss hinein? Bitte kreuzen Sie immer eine der Lösungen an! (Zeit: 60 Sekunden)

Lösungen:

1.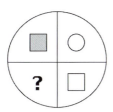

   1 ○
   2 ■
   3 △
   4 ●

2.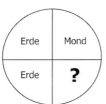

   1 ☐ Milchstraße
   2 ☐ Venus
   3 ☐ Sonne
   4 ☐ Mond

3.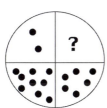

   1 ☐ •
   2 ☐ •••
   3 ☐ •••••
   4 ☐ •••

4.

   1 ☐ Kaffeekanne
   2 ☐ Stuhl
   3 ☐ Lampe
   4 ☐ Tischbein

INTELLIGENZEN

4. Aufgabe – **Sprachlogik:**

Welcher Begriff passt am wenigsten zu den anderen? Bitte einkreisen!
(Zeit: 60 Sekunden)

Beispiel: Biene   (Fliege)   Wespe   Hummel

1.   Südamerika   Europa   China   Australien
2.   Tanne   Fichte   Lärche   Kiefer
3.   unruhig   schnell   nervös   hektisch
4.   Elena   Jennifer   Anne   Margarethe

5. Aufgabe – **Logisches Denken:**

Lesen Sie die unten aufgeführten denksportlichen Texte aufmerksam durch und notieren Sie die Lösung. (Zeit: vier Minuten = reine „Denkzeit", ohne das Lesen der Texte)

1. Die falsche Kugel:

Von acht Kugeln, die genau gleich aussehen, wiegt eine etwas weniger als jede der sieben anderen (gleich schweren) Kugeln. Es ist eine Balkenwaage vorhanden. Wie viele und welche Wägungen müssen mindestens durchgeführt werden, um die „falsche Kugel" herauszufinden?

_____

INTELLIGENZEN

2. Das Boot:

Ein Boot trägt nicht mehr als zwei Zentner (100 kg). Wie können ein zwei Zentner schwerer Mann und seine beiden, je einen Zentner wiegenden Söhne übersetzen?

___

3. Die Seerose:

In einem Teich im Park eines alten Schlosses wächst eine Seerose mit einer seltsamen Eigenschaft. Sie wächst so schnell, dass sich die von den Blättern bedeckte Fläche des Wassers jeden Tag verdoppelt – heute sind es vielleicht 10 qm, morgen 20, übermorgen 40 und in 17 Tagen ist der ganze Teich zugewachsen. Eines Tages gesellt sich noch eine zweite Seerose mit genau der gleichen Eigenschaft dazu. Auch sie verdoppelt ihre Fläche jeden Tag. Nun wächst der Teich natürlich schneller zu als vorher, wo es nur eine Seerose gab. Wie lange, glauben Sie, dauert es jetzt, bis der Teich zugewachsen ist?

___

4. Zwei Kerzen:

Zwei Kerzen werden gleichzeitig angezündet. Die eine ist doppelt so lang wie die andere. Die längere Kerze brennt in zwei Stunden herunter, die andere ist dicker und brennt erst in fünf Stunden herunter. Wann haben die beiden Kerzen genau die gleiche Länge?

___

INTELLIGENZEN

Kreativität

1. Aufgabe – **Unvollständige Zeichnungen:**

In dem Rechteck ist eine geschwungene Linie zu sehen. Was kann das alles sein? Tragen Sie so viele Ideen wie möglich unten ein! Denken Sie daran, dass es hier keine falschen Antworten gibt. Verdoppelungen zählen natürlich nur einmal. (Zeit: 60 Sekunden)

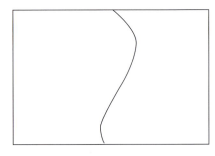

_____
_____
_____
_____
_____
_____
_____

INTELLIGENZEN

2. Aufgabe – **Gebundene Zeichnungen:**

In den Kästchen sind verschiedene Ausgangsformen zu finden. Zeichnen Sie bitte aus jeder Figur ein richtiges, möglichst fantasievolles Bild.
(Zeit: 60 Sekunden)

Beispiel:

vorher   nachher

Machen Sie es nun genauso (oder besser)!

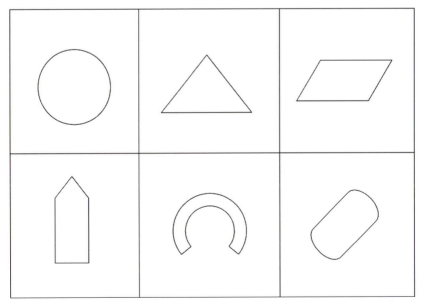

INTELLIGENZEN

3. Aufgabe – **Sprachkreativität:**

In dem Topf rechts befinden sich verschiedene Buchstaben. Mit ihnen dürfen Sie nun das „R" unten in so viele Wörter wie möglich einbinden. Es spielt keine Rolle, ob das „R" dabei am Anfang, irgendwo in der Mitte oder am Ende steht. Alle Buchstaben dürfen mehrmals verwendet werden.

Tragen Sie die gefundenen Wörter bitte unten ein! (Zeit: 60 Sekunden)

INTELLIGENZEN

4. Aufgabe – „Lebensrettende" Kreativität:

Ein wild gewordener Grizzly ist Ihnen auf den Fersen. Sie haben nur noch wenige Minuten Zeit. Der reißende Fluss könnte die Rettung sein. Auf wie viele Arten können Sie ihn überqueren? Verschiedene Ideen sind wichtig. Wiederholungen wie große Brücke, kleine Brücke, schmale Brücke, breite Brücke bauen usw. geben nur einen Punkt, nämlich für „Brücke". Bitte unten eintragen! (Zeit: 60 Sekunden)

_____

_____

_____

_____

_____

5. Aufgabe – Nützliche Kreativität:

Angenommen, Sie sind zu einem Geburtstagsfest eingeladen und möchten natürlich nicht ohne Geschenk erscheinen. Leider haben alle relevanten Geschäfte schon geschlossen. Wie viele „Ohne-Geld"-Geschenke fallen Ihnen ein? Bitte unten eintragen! (Zeit: 60 Sekunden)

_____

_____

_____

_____

_____

INTELLIGENZEN

Räumliches Vorstellungsvermögen

1. Aufgabe – **Räumliche Bewegung:**

Beantworten Sie bitte die Fragen rechts neben den Aufgaben.
(Zeit: 60 Sekunden)

1.   Dreht sich B schneller, langsamer oder genauso schnell wie A?

   _____

2.  Richtig oder falsch?

   _____

3. 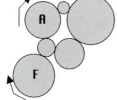 In welche Richtung dreht sich B, 1 oder 2?

   _____

4. Richtig, falsch oder unmöglich?

   _____

INTELLIGENZEN

2. Aufgabe – **Verdeckte Flächen:**

Wie viele Flächen haben die Körper unten? Tragen Sie bitte die richtige Zahl ein. (Zeit: 60 Sekunden)

1.   Zahl der Flächen: ____

2. 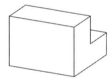 Zahl der Flächen: ____

3. 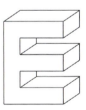 Zahl der Flächen: ____

4.   Zahl der Flächen: ____

77

INTELLIGENZEN

3. Aufgabe – **Gedankliches Zusammensetzen:**

Kennen Sie Tangram, das chinesische Puzzle für Schlaue? Zeichnen Sie die zur Verfügung stehenden Steine (links) in die Figur rechts ein. Wie müssen die Steine liegen? Es gibt immer eine Lösung. (Zeit: vier Minuten)

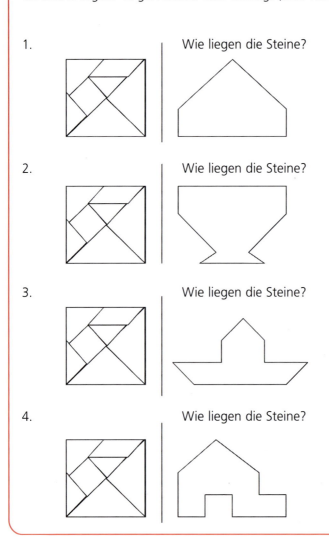

INTELLIGENZEN

4. Aufgabe – **Entfernungen abschätzen:**

Suchen Sie sich vier verschiedene Entfernungen aus Ihrer Umgebung und schätzen Sie sie, z. B. Stuhllehne–Tischkante, Handtuchhalter–Wasserhahn oder Fernseher–Türe. Achten Sie bitte darauf, dass die Entfernungen zwischen 20 cm und 3 m liegen. Messen Sie die Entfernung nach dem Schätzen, und tragen Sie beides unten ein. (ohne Zeitvorgabe)

Entfernung 1:

Geschätzte Entfernung: _____   Tatsächliche Entfernung: _____

Differenz: _____

Entfernung 2:

Geschätzte Entfernung: _____   Tatsächliche Entfernung: _____

Differenz: _____

Entfernung 3:

Geschätzte Entfernung: _____   Tatsächliche Entfernung: _____

Differenz: _____

Entfernung 4:

Geschätzte Entfernung: _____   Tatsächliche Entfernung: _____

Differenz: _____

INTELLIGENZEN

5. Aufgabe – **Abwicklungen:**

Welcher Grundriss lässt sich zu der Figur im Kasten zusammenfalten? Es ist immer nur eine Figur, und die richtige ist immer dabei. Bitte kreuzen Sie die Ziffer der richtigen Figur an. (Zeit: 60 Sekunden)

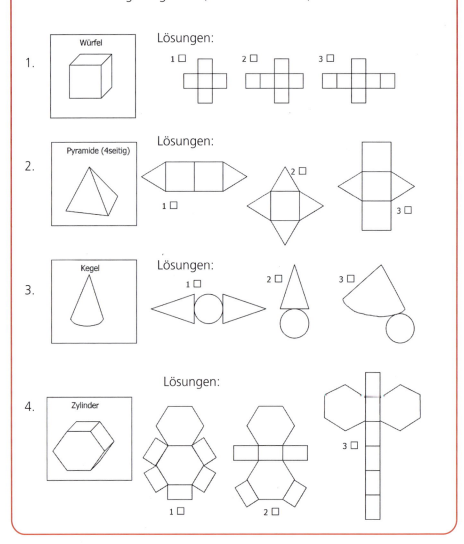

INTELLIGENZEN

Musikalität

Sie brauchen für diese Übungen einen (musikalischen) Partner.

1. Aufgabe – **Töne nachsingen I:**

Wenn Sie den Telefonhörer abheben, hören Sie einen Ton, das Freizeichen. Um diesen Ton geht es in den nächsten Übungen.

1. Singen oder summen Sie bitte den Telefonton (Freizeichen), während Sie ihn hören oder unmittelbar danach.
Es gibt einen Punkt, wenn Ihr gewissenhafter Partner sagt, dass der Ton stimmt. Sie müssen keinen Gesangswettbewerb gewinnen, und es macht auch nichts, wenn sich Ihr Ton ein paar Sekunden etwas annähern muss. Nur die Tonhöhe muss stimmen.

2. Hören Sie sich nun den Telefonton ein paar Sekunden lang an und legen Sie dann auf. Nun zählen langsam rückwärts von zwanzig bis eins. Nach ca. einer Minute versuchen Sie, sich an den Ton zu erinnern. Wenn Sie ihn immer noch singen können, gibt es wieder einen Punkt.

3. Hören Sie nun den Telefonton wieder ein paar Sekunden lang an, und legen Sie dann auf. Nun warten Sie bitte ca. drei Minuten. In dieser Zeit sollten Sie etwas völlig anderes machen, z. B. sich eine Apfelschorle einschenken und eine Zitronenscheibe hineinschnibbeln. Wenn Sie nach drei Minuten noch den Telefonton richtig nachsingen können, gibt es noch einmal einen Punkt.

4. Hören Sie nun den Telefonton wieder ein paar Sekunden lang an, und legen Sie dann auf. Nehmen Sie sich jetzt ein paar Minuten Zeit, hören Sie Musik aus dem Radio oder von einer CD. Hören Sie diese Musik ganz bewusst. Wenn Sie nach ca. drei Minuten den Telefonton immer noch richtig wiedergeben können, verfügen Sie über ein ausgezeichnetes Tongedächtnis und bekommen einen weiteren Punkt.

INTELLIGENZEN

2. Aufgabe – **Töne nachsingen II:**

Jetzt brauchen Sie einen Partner, der ein paar Töne singen oder spielen kann. Bestimmt gibt es auch bei Ihnen zuhause irgendwo ein kleines Xylofon, eine Mundharmonika oder sogar eine Gitarre, ein Keyboard oder ein Klavier.

1. Lassen Sie sich nacheinander drei einzelne Töne vorspielen oder -singen und versuchen Sie, sie gleich nachzusingen. Wenn alle drei Töne richtig waren, gibt es einen Punkt.

2. Lassen Sie sich nun nacheinander dreimal zwei Töne, sozusagen eine Minimelodie, vorspielen oder -singen und versuchen Sie wieder, sie gleich nachzusingen. Wenn alle drei Tonpaare richtig waren, gibt es einen Punkt.

3. Lassen Sie sich nun nacheinander dreimal drei Töne vorspielen oder -singen und versuchen Sie wieder, sie gleich nachzusingen. Wenn alle drei Minimelodien richtig waren, gibt es wieder einen Punkt.

4. Lassen Sie sich nun nacheinander dreimal vier Töne vorspielen oder -singen und versuchen Sie wieder, sie gleich nachzusingen. Die Töne sollten nicht zu einer bekannten Melodie gehören. Wenn alle drei Minimelodien richtig waren, gibt es wieder einen Punkt.

3. Aufgabe – **Tonhöhe verändern:**

Jetzt wenden wir uns richtigen Musikstücken zu. Sicher kennen Sie das Lied „Bruder Jakob". Wir brauchen es für die nächsten drei Übungen. Ist Ihr Musikpartner bereit?

1. Singen Sie nun das Lied „Bruder Jakob"! Es muss nicht perfekt sein und auch nicht klingen wie in einer Oper. Wie schön es sich anhört, ist bei dieser Übung nicht entscheidend, aber die Töne müssen richtig sein. Dann gibt es einen Punkt.

2. Nun singen Sie bitte dasselbe Lied etwas höher als gerade eben. Wenn es Ihnen gelingt, gibt es wieder einen Punkt.

INTELLIGENZEN

3. Nun sollen Sie ein drittes Mal „Bruder Jakob" singen, aber mit einem Ton beginnen, den Ihr Partner vorgibt oder den Sie z. B. aus dem Radio übernehmen. Natürlich muss der Ton in einer Lage sein, dass es stimmlich für Sie singbar ist. Wenn es gelingt, gibt es noch einen Punkt.

4. Nun sollen Sie ein letztes Mal „Bruder Jakob" singen, aber nicht in DUR, sondern in MOLL. Wenn Sie das schaffen, sind Sie mit Sicherheit musikalisch und bekommen noch einen Punkt.

4. Aufgabe – **Mitsingen:**

Jetzt brauchen Sie ein Radio oder einen CD-Player. Hören Sie sich nun insgesamt vier beliebige Musikstücke an. Gegen Ende der Musikstücke sollen Sie jeweils versuchen, es mindestens zehn Sekunden lang mitzusingen, z. B. den Refrain, es gilt aber auch jede andere Stelle. Der Text ist dabei nicht wichtig, es kann also auch gesummt oder auf der Silbe „Na" gesungen werden. Die Musikrichtung überlassen wir Ihrem Geschmack. Voraussetzung ist nur, dass die Stücke so etwas wie eine Melodie haben und sich möglichst stark voneinander unterscheiden. Für jedes Musikstück, dessen Melodie Sie erkannt und mehr als zehn Sekunden mitgesungen haben, gibt es einen Punkt. Insgesamt also wieder vier Punkte.

5. Aufgabe – **Rhythmus:**

Wieder benötigen Sie Radio oder CD-Player. Hören Sie sich nun wieder insgesamt vier beliebige Musikstücke an. Gegen Ende jedes Musikstückes sollten Sie den Rhythmus mitklatschen. Wenn das Stück zu Ende ist, bitte noch fünf bis zehn Sekunden weiterklatschen und den Rhythmus so genau wie möglich beibehalten. Wenn das geklappt hat, ist das einen Punkt wert. Die Musikrichtung überlassen wir wieder Ihnen. Voraussetzung ist nur, dass es Stücke mit unterschiedlichen Rhythmen sind, z. B. ein Schnelles, ein Langsames, ein Volksmusikstück, ein Schlager, ein Klavierkonzert, ein Rap usw. Für jeden richtigen Rhythmus bekommen Sie wieder einen Punkt. Insgesamt also vier Punkte.

INTELLIGENZEN

Sportlichkeit und Körperkoordination

Für die Durchführung der Aufgaben benötigen Sie einen haushaltsüblichen Besenstiel, Länge ca. 1,2 m, Durchmesser 4 bis 5 cm.

1. Aufgabe – **Gleichgewicht:**

a) Stehen auf einem Bein: Versuchen Sie, 30 Sekunden lang auf einem Bein (egal ob rechts oder links) zu stehen, selbstverständlich ohne Hilfsmittel und ohne mit dem anderen Fuß aufzutippen.

b) Hüpfen Sie nun bitte auf einem Bein. Versuchen Sie, 30-mal auf dem rechten oder linken Bein, möglichst auf einer Stelle, zu hüpfen.

c) Einbeiniges Slalom-Hüpfen: Versuchen Sie, zehnmal mit einem Bein hin und zurück über den Besenstiel zu springen. Das Hindernis darf dabei nicht berührt werden.

d) Balancieren: Versuchen Sie, barfuß über den Besenstiel zu balancieren, vorwärts und rückwärts.

INTELLIGENZEN

2. Aufgabe – **Reaktion und Schnelligkeit:**

Sie brauchen nun wieder den Besenstiel. Es geht bei dieser Aufgabe um Reaktionsgeschwindigkeit und Spurtqualitäten. Ihr Partner hält den senkrecht stehenden Besenstiel mit einer Hand. Sie stehen mit dem Rücken zum Stab erst einen, dann zwei, dann drei, und schließlich (die Leistungssportler unter Ihnen) vier Meter entfernt. Der Stabhalter lässt den Besenstiel los und sagt gleichzeitig laut und deutlich: „Jetzt!" Drehen Sie sich nun ganz schnell um, und spurten Sie los, um den fallenden Besenstiel zu fangen, bevor er den Boden berührt. Sie können gerne vorher eine Probe machen. Für jeden gelungenen Versuch gibt es einen Punkt.

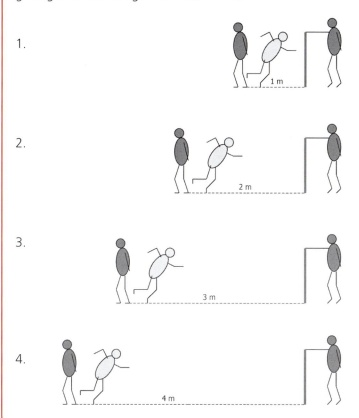

1.

2.

3.

4.

85

INTELLIGENZEN

3. Aufgabe – **Kraft und Ausdauer:**

Legen Sie sich den Besenstiel quer über die Schultern, wie auf den Bildern unten zu sehen. Machen Sie nun ohne Pausen Kniebeugen. Eine korrekte Kniebeuge beginnt im Stehen, geht weiter bis in eine tiefe Hocke und endet wieder im Stehen. Für je zehn mustergültige Kniebeugen gibt es einen Punkt.

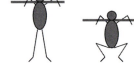

4. Aufgabe – **Körperkoordination:**

Versuchen Sie, die unten in vier Schritten beschriebene Übung innerhalb der vorgegebenen Zeit so oft wie möglich zu wiederholen. Üben Sie den Bewegungsablauf zwei- bis dreimal vorher. (Zeit: 60 Sekunden)

1. Stab vor den Körper halten
2. Stab mit beiden Händen festhalten und drübersteigen
3. Stab hinter sich auf den Boden legen. Nicht fallen lassen!
4. Rückwärts über den Stab steigen und aufheben.

5. Aufgabe – **Ausdauer, Sprungkraft:**

Legen Sie den Besenstiel auf den Boden. Nun sollen Sie mit geschlossenen Beinen innerhalb der vorgegebenen Zeit so oft wie möglich hin- und herspringen (Slalom). Sie können vorher ein paar Übungssprünge machen. (Zeit: 30 Sekunden)

INTELLIGENZEN

Lösungs- und Auswertungsblatt

In dieser Tabelle finden Sie alle Lösungen mit Punkteverteilung. In die unterste Zeile tragen Sie bitte die exakte Punktzahl für jeden Begabungsbereich ein. Jetzt können Sie die Ergebnisse in Ihr persönliches Begabungsprofil übertragen.

Punkte	verbal	logisch-mathematisch	kreativ	räumlich	musikalisch	sportlich
Aufg. 1	**Wortsalat**	**logische Reihe**	**unvollständige Zeichnungen**	**räumliche Bewegung**	**Töne nachsingen I**	**Gleichgewicht**
1 Punkt	Nebel	32 (x2)	ab 5 Ideen	schneller	richtiger Ton	Übung korrekt
1 Punkt	Gurke	32 (–4x4)	ab 10 Ideen	falsch	richtiger Ton	korrekt absolviert
1 Punkt	Treppe	9 (–11–8x4)	ab 15 Ideen	1	richtiger Ton	korrekt absolviert
1 Punkt	Fiasko	191 ein Schritt: x2+1	ab 20 Ideen	unmöglich	richtiger Ton	korrekt absolviert
Aufg. 2	**Wortschatz**	**Reihen fortsetzen**	**gebundene Zeichnungen**	**verdeckte Flächen**	**Töne nachsingen II**	**Reaktion, Schnelligkeit**
1 Punkt	Stress	Dreieck	3 Zeichnungen	6	3 richtige Töne	rechtzeitig gefangen
1 Punkt	Talent	Kreis rechts oben in der Ecke, ganz zu sehen	4 Zeichnungen	8	3 x 2 richtige Töne	rechtzeitig gefangen
1 Punkt	Poesie	leerer Kreis im Quadrat	5 Zeichnungen	14	3 x 3 richtige Töne	rechtzeitig gefangen
1 Punkt	Morast	alle geometrischen Formen groß, wandernder Kreis rechts oben	6 Zeichnungen	30	3 x 4 richtige Töne	rechtzeitig gefangen

I INTELLIGENZEN

Aufg. 3	lebendiger Wortschatz I	Regel erkennen	Sprach-kreativität	gedankliches Zusammensetzen	Tonhöhe verändern	Kraft und Ausdauer
1 Punkt	Frosch, schlau	4	5–9 Wörter	richtig	Lied richtig gesungen	10–19 korr. Kniebeugen
1 Punkt	Preis, Eisen	3	10–14 Wörter	richtig	Lied in höherer Tonart richtig	20–29 korr. Kniebeugen
1 Punkt	Stern, Ernte	2	15–19 Wörter	richtig	Lied in vorgegebener Tonhöhe richtig gesungen	30–39 korr. Kniebeugen
1 Punkt	Frage, Agent	2	ab 20 Wörtern	richtig	Lied in Moll richtig gesungen	ab 40 korr. Kniebeugen
Aufg. 4	**lebendiger Wortschatz II**	**Sprachlogik**	**lebensrettende Kreativität**	**Entfernungen abschätzen**	**Mitsingen**	**Koordination**
1 Punkt	-and	China	ab 5 Ideen	Entfernung 1: +/- 5 cm	1. Melodie richtig	1–4 Wiederholungen
1 Punkt	-ille	Lärche	ab 10 Ideen	Entfernung 2: +/- 5 cm	2. Melodie richtig	5–8 Wiederholungen
1 Punkt	-ase	schnell	ab 15 Ideen	Entfernung 3: +/- 5 cm	3. Melodie richtig	9–13 Wiederholungen
1 Punkt	-mut	Anne (nur 1 „e")	ab 20 Ideen	Entfernung 4: +/- 5 cm	4. Melodie richtig	ab 14 Wiederholungen
Aufg. 5	**Wortflüssigkeit**	**logisches Denken**	**nützliche Kreativität**	**Abwicklungen**	**Rhythmus**	**Ausdauer, Sprungkraft**
1 Punkt	7 oder mehr	2 Wägungen, erst je 3, dann 2 der 3 leichteren	2–3 Ideen	2	1. Rhythmus richtig	mehr als 20
1 Punkt	7 oder mehr	erst 2 Söhne, dann einer zurück, dann Vater allein, ein Sohn zurück, beide Söhne wieder zusammen	4–5 Ideen	2	2. Rhythmus richtig	mehr als 30
1 Punkt	7 oder mehr	nach 16 Tagen ist der Teich bedeckt	6–7 Ideen	3	3. Rhythmus richtig	mehr als 40
1 Punkt	7 oder mehr	nach 1 Stunde und 15 Minuten	ab 8 Ideen	3	4. Rhythmus richtig	ab 50
	Punktezahl	**Punktezahl**	**Punktezahl**	**Punktezahl**	**Punktezahl**	**Punktezahl**

INTELLIGENZEN

Interpretation der Ergebnisse

Wir Erwachsenen müssen uns eigentlich keine Gedanken mehr darüber machen, was wir werden wollen. Oder? Wir haben unsere Ausbildung meist abgeschlossen, vielleicht studiert, vielleicht sogar Karriere gemacht oder sind zumindest auf dem Weg dorthin. Oder wir gründen und leiten Unternehmen, tragen Verantwortung und treffen wichtige Entscheidungen. Aber wissen wir wirklich immer, wo unsere ureigenen Talente liegen? Die besonders Erfolgreichen unter uns bewegen sich, bewusst oder unbewusst, möglicherweise genau auf dem Terrain ihrer tatsächlichen Begabungen. Das ist sicher einer der besten Wege, erfolgreich und zufrieden im Leben zu stehen. Es lohnt sich in jedem Fall, sich auf die Suche nach den eigenen, angeborenen Stärken zu begeben. Vielleicht schlummert ein (weiteres) Talent in Ihnen, von dem Sie noch nichts wussten oder vielleicht nur eine Vermutung hatten. Ihr Begabungsprofil ist einmalig, wie Sie selbst als Mensch, und wahrscheinlich reichhaltiger, als Sie denken.

Grundsätzliches: Alle Begabungen sind in der Gesamtbevölkerung weit gehend normal verteilt. Man kann sich diese Verteilung als Glockenkurve vorstellen, die in der Mitte am höchsten ist und zu den Rändern hin gegen null ausläuft. Im Mittelfeld sind in der Regel ca. zwei Drittel (68 Prozent) durchschnittlich Begabte versammelt (in unserem Test ungefähr vier bis 17 Punkte), am linken Rand ca. 16 Prozent unterdurchschnittlich Begabte (in unserem Test null bis drei Punkte), am rechten Rand die überdurchschnittlich Begabten (in unserem Test 18 bis 20 Punkte). Die obersten zwei Prozent werden auch als Hochbegabte bezeichnet. Es ist völlig normal, dass jemand nicht in allen Bereichen überdurchschnittlich ist, ebenso, dass die Leistungen nicht überall unterdurchschnittlich ausfallen. In der Regel ist unser Begabungsprofil sehr abwechslungsreich, und jeder kann sich auf die Suche nach seinen Begabungen machen. Lesen Sie jetzt die Interpretationen für die verschiedenen Ergebnisse. Sie gelten für alle Begabungsbereiche.

0 bis 6 Punkte: unterdurchschnittlich, unterer Durchschnitt

Sie liegen bei diesem Begabungsfeld im unteren Bereich, was darauf hinweist, dass dies nicht unbedingt Ihre stärkste Seite ist. Wir vermuten, dass Ihnen die Lösung der Aufgaben weder besonders leicht fiel noch Sie sonderlich mit Begeisterung erfüllt hat. Macht nichts! Wir Menschen zeichnen uns durch viele unterschiedliche, unabhängige Begabungen aus. Die Anlagen, also das, was wir uns in diesem Test anschauen, sind zwar zu einem beachtlichen Teil an unserer Entwicklung, unseren Leistungen, Erfolgen und Misserfolgen beteiligt. Das heißt aber auch, dass, selbst wenn Ihre Begabungsschwerpunkte nicht in diesem Bereich liegen, noch längst nicht alles verloren ist. Der andere Teil unserer persönlichen Entwicklung wird nämlich von den so genannten Umwelteinflüssen bestimmt, also in der Kindheit und Jugend von Lehrern, Eltern, Freunden, Vorbildern aus Musik, Sport und Kino, als Erwachsene von der Familie, dem

INTELLIGENZEN

Arbeitsplatz, Kollegen, Wohnort, Infrastruktur, Einkommens- und Bildungsschicht usw. Wenn Ihnen etwas wirklich Spaß macht, können Sie mit Engagement, Fleiß und Ausdauer auch ohne besonderes Talent durchaus Erfolge erzielen. Es wird allerdings etwas mehr Beharrlichkeit erfordern, und Ihre persönlichen Stärken können sich eventuell nicht voll entfalten, weil sie unterdrückt oder zumindest vernachlässigt werden.

7 bis 14 Punkte: durchschnittlich begabt

Sie liegen bei diesem Begabungsbereich im breiten Mittelfeld. Hier befinden sich ca. 50 Prozent aller Menschen mit ihren Leistungen. Allerdings sucht man gewöhnlich nicht nach Gebieten, in denen man durchschnittlich ist, sondern nach besonderen Talenten. Unserer mehrjährigen Erfahrung nach gibt es so etwas bei nahezu allen Menschen. Sie haben hier zwar schon einmal eine Begabung, mit der Sie im soliden Mittelfeld liegen, aber vielleicht gibt es auch bei Ihnen ein besonders ausgeprägtes Talent. Am besten sehen Sie sich gleich die anderen Testergebnisse an. Selbstverständlich – und das möchten wir ganz besonders betonen – kann man sich auch an Beschäftigungen erfreuen, für die man nicht schwarz-auf-weiß-bestätigt ein besonderes Talent besitzt. Nahezu jeder Mensch, der mit seinen Begabungen zwischen sieben und 14 Punkten liegt, kann erfolgreich in einem Chor singen, sportliche Leistungen erbringen, originelle Ideen produzieren, kann sich, auch beruflich, mit Literatur, Philosophie und Wissenschaft beschäftigen. Darum geht es jedoch nicht, wenn wir nach besonderen Talenten suchen (ab 15 Punkte). Sie ermöglichen noch viel mehr. Ihre Entdeckung und Förderung kann die spätere erfolgreiche Berufslaufbahn vorbereiten, kann hohe gesellschaftliche und finanzielle Anerkennung bringen oder einfach die Erfüllung eines außergewöhnlichen Lebens werden.

15 bis 20 Punkte: oberer Durchschnitt, überdurchschnittlich

Sie haben die meisten oder sogar alle Aufgaben richtig gelöst. Wenn dies ohne fremde Hilfe und in der vorgegebenen Zeit geschehen ist, liegen Sie in diesem Begabungsfeld mindestens im oberen Viertel. Das bedeutet, dass Sie auf diesem Gebiet sowohl schneller und leichter lernen, als auch, dass Sie hier am meisten erreichen können, vielleicht auch schon erreicht haben. Wenn Sie Lust haben, etwas Zeit freischaufeln können und es bisher versäumt haben, beschäftigen Sie sich mit Ihrem Talent, bauen Sie es aus, trainieren Sie Ihre Fähigkeiten. Wer weiß, was noch daraus wird? Sie werden sehen, das Lernen fällt Ihnen auf diesem Gebiet deutlich leichter als vielen anderen, und Sie können mehr erreichen. Es ist ein bisschen wie bei einem Schatz, den man gefunden hat, und nun muss man ihn ausbuddeln, heben und vermehren. Viel Erfolg!

JOGGEN J

Mens sana in corpore sano.
(alt, aber immer noch gut!)

Joggen und mentales Fitnessprogramm

Der liebe Gott hat uns zwei Beine zum Fortbewegen und ein Gehirn zum Nachdenken mitgegeben – beides lässt sich beim Laufen[27] auf höchst ertragreiche Art miteinander verbinden! Das Laufen ist eine natürliche Bewegungsart, die uns helfen kann, in unserer hektischen Welt ein Stück Bewusstsein zu bewahren, „bei sich selbst anzukommen".

Zahlreiche Untersuchungen zeigen immer wieder, dass sich sportliche Ausdauer in mehrfacher Hinsicht auszahlen: Wer läuft, hat mehr Selbstvertrauen, beruflich wie privat. Stress und Aggressionen werden abgebaut, der Kopf wird frei. Allerdings gilt auch hier: mit Maß und Ziel. Tappen Sie nicht in die nächste Stressfalle, indem Sie verbissen und angestrengt einem Muss hinterherlaufen. („Ich *muss* mich bewegen", „Ich *muss* abnehmen", „Ich *muss* diese Strecke in dieser Zeit schaffen" usw.). Verbinden Sie Laufen mit **L**oslassen, **L**ocker bleiben, **L**ächeln, **L**ust am Spüren Ihres Körpers … (vielleicht fallen Ihnen noch weitere positive Assoziationen mit L als Angelhaken ein?) Und vor allem ein wichtiges **L**: **Laufen Sie langsam.** Sie sollten immer noch genug Luft haben, um sich mit Mitlaufenden unterhalten zu können. Wenn Sie sich selbst LaufpartnerIn sind, werden Sie erstaunt sein, welche interessante Gedanken, kreative Ideen plötzlich aufsteigen, wenn Ihr Gehirn mit Sauerstoff überflutet wird. Ich persönlich schätze diese einsamen Laufeinheiten, um Gedanken zu ordnen oder „sich ordnen zu lassen".

Dabei hat sich folgende Atemtechnik bewährt: Atmen Sie drei Schritte ein, drei Schritte aus, drei ein, drei aus … Was den optimalen Zeitpunkt für Ihr Lauftraining hinsichtlich Ihrer inneren biologischen Uhr betrifft: Verlassen Sie sich einfach auf Ihr Gefühl, wann für Sie der optimale Zeitpunkt ist. Es

JOGGEN
• • • • • • • • • • • • • • • • • • •

muss nicht immer der Morgen sein – für mich z. B. als absoluten Morgenmuffel ist der späte Nachmittag oder frühe Abend der ideale Zeitpunkt, um meinen Kopf und Körper auszulüften, Rückschau zu halten und nach vorne zu blicken. Es ist mir zum lieb gewonnenen Ritual geworden, und ich werde unrund, wenn ich nicht mindestens drei- bis viermal pro Woche Zeit dafür finde. Andere wiederum schwören auf ihren Morgenlauf, wenn der Tag noch vor ihnen liegt und sie ihn auch in Gedanken durchlaufen können.

Der Entspannungseffekt des Laufens tritt allerdings in seinem vollen Umfang nur ein, wenn Sie sich **in der freien Natur** bewegen. Beim Laufen am Laufband in einem geschlossenen Raum (der Blick magnetisch angezogen von der elektronischen Anzeigetafel über Kalorienverbrauch, Pulsverhalten, noch zu laufender Zeit etc) ist zwar der körperliche Trainingseffekt gegeben, die positiven Auswirkungen auf Psyche und Geist bleiben aber im wahrsten Sinn auf der Strecke.

Beim Wandern – egal, ob klassisch mit Stock und Hut oder modern als „nordic walking" mit zwei Stöcken – ist dieser Entspannungseffekt durch das Bewegen in der freien Natur in noch viel größerem Ausmaß gegeben. Das erhabene Gefühl, nach einem erfolgreich bewältigten Anstieg ins Tal zu blicken, ist unbeschreiblich und unvergleichlich. Die veränderte Perspektive lässt uns so manches aus einem anderen Blickwinkel betrachten, und die ungewohnte und so energiespendende *Aus*sicht verhilft oft zu unerwarteten *Ein*sichten. Wandern erhöht aber nicht nur die körperliche Fitness, sondern verbessert auch das Kurzzeitgedächtnis und Erinnerungsvermögen, vor allem bei älteren Menschen, wie der schwedische Wissenschafter Peter Hassem in einer Studie feststellte.[28] Für die Untersuchung wanderten insgesamt 15 Frauen in zwei Trainingsgruppen (55 bis 65 Jahre bzw. 66 bis 75 Jahre) drei Monate lang mindestens dreimal pro Woche jeweils 20 Minuten. Die Frauen der zwei altersgleich zusammengesetzten Kontrollgruppen lösten lediglich Denksportaufgaben. Die Auswertung ergab, dass die Frauen der Wandergruppe nicht nur ihre körperliche Fitness verbessert hatten – was ja zu erwarten war. Sie schnitten im Vergleich zur Kontrollgruppe auch signifikant besser im Kurzzeitgedächtnistest ab!

Wenn das kein Grund ist, sich nicht heute noch(!) ein Paar bequeme Lauf- oder Wanderschuhe zu besorgen.

KREATIVITÄT

Manche Menschen sehen die Dinge, so wie sie sind – und fragen: Warum? Ich erträume Dinge, die es noch nie gegeben hat, und frage: Warum eigentlich nicht?

George Bernard Shaw (1856–1950)

Kreativität
und Gedächtnis

Kennen Sie das Gefühl der Kreativität – wenn sich unsere Gedanken auf Wanderschaft begeben und wir mit einem unerwarteten Schatz heimkommen? Es ist kein Gefühl, das man auf Abruf erzeugen kann, aber wenn es sich einstellt (und das ist jedem von uns mehr oder weniger vertraut), ist es eine Quelle der Kraft und Befriedigung. Das Thema Kreativität durchdringt alle Bereiche unseres Lebens, füllt bereits hunderte von Büchern und kann – und soll – in diesem Kapitel bewusst nur durch einen selektiven Filter gesehen werden: Wie entdecke ich die Schätze in der Fülle meiner Gedanken, die bereits warten, in mir geweckt zu werden?

Kreativität, die „schöpferische Kraft", schlummert in jedem von uns – im Kleinkind, das sich aus Lego-Steinen – ganz ohne Vorlage! – ein neues Werkzeug baut, in der Köchin, die ein Rezept abändert, um eine neue Variante auszuprobieren, genauso wie im Werbetexter, dem *der* Spruch für die neue Kampagne einfällt. Eine allgemein gültige Regel, wie man diesen kreativen Zustand bewusst erzeugen kann, gibt es allerdings nicht – was für den einen eine kreative geistige Verfassung ist, wirkt auf den anderen möglicherweise langweilig, beängstigend oder gar chaotisch. Fest steht jedoch, dass es im Leben jedes Menschen Augenblicke und Stimmungen gibt, in denen man vollkommen aufgeht, im Hier und Jetzt lebt und ein Gefühl schöpferischer Freude empfindet, das Mihaly Csikszentmihaly den „Flow-Zustand" nennt.

„Tue das, WAS du tust" – um kreativ sein zu können, müssen wir uns auf die Gegenwart konzentrieren, um einen Zustand entspannter Wachsamkeit zu erreichen. Äußerliche und innerliche Ablenkungen hindern uns daran, unsere kreativen Ressourcen zu aktivieren. Deshalb ist es wichtig, sich selbst ganz ehrlich zwei Fragen zu stellen. Zunächst: Welche Abschweifungen stellen sich bei mir ein, wenn ich darangehe, ein neues Projekt zu bearbeiten, bei dem meine Kreativität gefordert ist? Meist sind

KREATIVITÄT

es Gedanken an gestern oder morgen (in denen unerledigte Dinge den größten Raum einnehmen), die uns Zeit nicht als wertvolles Chairos*, sondern als (viel zu rasch vergehendes) Chronos* wahrnehmen lassen. Und zweitens: Wie kann ich am besten meine mentale Energie sammeln und zurückgewinnen? Entspannungsübungen können uns dabei eine wertvolle Hilfe sein – sie erlauben uns, in uns zu gehen, ruhiger und zugleich wachsamer zu werden. Es tut schlicht und einfach gut, in der Hektik des Alltags immer wieder inne zu halten, sich seiner selbst genau in diesem Moment gewahr zu werden. Wenn Ihnen diese Übungen erst zum wohltuenden Ritual geworden sind, werden Sie sie nicht mehr missen mögen! Grundbedingung: Sie müssen diese mentalen Auftankstellen jederzeit ohne viel Aufwand anzapfen können. Deshalb möchte ich Ihnen hier gerne meine absolute Lieblingsübung vorstellen, die Sie jederzeit durchführen können, wo immer Sie ungestört sind. Im Anhang finden Sie auf Seite 173 einige weitere bewährte Entspannungsrituale und Konzentrationsübungen. Probieren Sie sie einfach aus – vielleicht ist auch genau die richtige für Sie dabei!

<small>* Im Griechischen gibt es zwei Begriffe für Zeit – einerseits „chairos" als dem „Hier und Jetzt" und andererseits „chronos", die Zeit, die vergeht (und uns ständig zu entgleiten scheint, wenn es uns nicht gelingt, sie als „chairos" wahrzunehmen und ihr dadurch mehr Tiefe zu geben).</small>

Entspannungsübung „Solare Energietankstelle"

(Ideal wäre ein ungestörtes Plätzchen im Freien; durch Ihre Vorstellungskraft sind Sie aber unabhängig – Sie können sich an jedem Ort vorstellen, dass Sie die warmen Strahlen der Sonne umfangen.)

Stellen Sie sich mit leicht geöffneten Beinen hin, schließen Sie die Augen. Während Sie langsam und tief einatmen, strecken Sie Ihre Arme der Sonne (real oder imaginär) entgegen und stellen sich vor, dort Energie abzuholen. Beim Ausatmen lassen Sie Ihre Arme langsam in Richtung Kopf sinken – während Sie sanft Ihre Haare berühren, fühlen Sie, wie Sie dort Ihre gerade getankte Energie abgeben. Beim nächsten Atemzug machen Sie dasselbe, lassen Sie jedoch beim Ausatmen Ihre Arme tiefer sinken, und legen Sie sie gekreuzt auf Ihre Brust (Sie geben die Energie Ihrem Herzen weiter). Machen Sie die Übung ein drittes Mal, wobei Sie diesmal Ihre Arme beim Ausatmen auf Ihren Bauch legen und sich vorstellen, wie Sie die Energie in Ihren Bauch einströmen lassen.

KREATIVITÄT

Wenn Sie diese Übung zum ersten Mal machen, seien Sie offen und neugierig für das, was sich einstellt – vielleicht ist es ein leichtes Kribbeln in Ihren Handflächen oder ein Gefühl der Wärme, dort, wo Sie Ihre Hände (ganz sanft) auflegen, oder auch „nur" ein Gefühl der Ruhe und Entspannung. Auch wenn Sie übrigens nicht den Platz dazu haben, Ihre Arme der Sonne entgegenzustrecken (in einer überfüllten U-Bahn, während einer kurzen Konferenzpause im Sitzungsraum etc.) – wenn Sie mit dieser Übung vertraut sind, genügt allein die (intensive) Vorstellung davon, um innerlich ruhiger und gelassener zu werden.

Kreativität und freies Assoziieren sind untrennbar miteinander verbunden. Kreative Menschen sind immer auf der Suche nach (neuen) Assoziationen – wie in Goethes „Gedankenfabrik", wo „ein Schlag tausend Verbindungen schlägt" (siehe Zitat Seite 17). Welche Kreativitätswerkzeuge können uns nun dabei helfen, den ungeheuren Wissensschatz, den wir bereits in uns angehäuft haben, auch anzapfen zu können? Es müssen auf alle Fälle Werkzeuge sein, die mühelos, ja spielerisch verwendet werden können. Ideen, spontane Geistesblitze und Erleuchtungen sind scheue Wesen – sie tauchen auf, wann immer es ihnen beliebt. Sobald jedoch ein Zwang, ein Muss, aber auch kritisierendes Durchleuchten im Sinne von vorschneller Ablehnung im Spiel sind, ziehen sie es vor, im Dunkeln (= unserem Unterbewusstsein) weiterzuschlummern.

Ein solches Werkzeug möchte ich Ihnen nun vorstellen. Haben Sie als Kind gerne „Stadt-Land-Fluss" gespielt? Falls ja – gut so; damit verfügen Sie über das nötige Vorwissen, um gleich mitmachen zu können. Falls Ihnen dieses Spiel (noch) unbekannt ist, lesen Sie bitte zunächst die Erklärung in der Fußnote 29. Es ist der Verdienst Vera F. Birkenbihls, das ungeheure kreative Potenzial, das in diesem uralten Spiel steckt, (wieder)entdeckt zu haben.[30] Wenn man dieses Spiel nämlich nicht wie im herkömmlichen Sinn „quer", sondern senkrecht spielt, ergibt sich zum jeweiligen Stichwort eine so genannte „Abc-Liste" oder „Wissens-Abc". Gleich vorweg: Wenn Sie so eine Wissensinventur zum ersten Mal durchführen (und ich werde Sie in Kürze dazu einladen), ist es vollkommen normal, dass Ihnen zunächst (noch) nicht allzu viel einfällt, da die meisten von uns diese Art

KREATIVITÄT

des assoziativen Denkens einfach nicht gewohnt sind. Aber betrachten Sie es als sportliche Herausforderung: Je mehr Sie trainieren, umso besser werden Sie! Um die Autorin selbst (in ihrer unnachahmlich gehirn-gerechten Weise) zu zitieren: „Wenn wir also **wiederholt über ein Thema nachdenken** (am leichtesten bringen schnelle Wissens-Listen zwischendurch unser abgesunkenes Wissen wieder in Bewegung nach oben), dann senden wir gleichsam **Suchsonden** los. Nun können wir uns abertausende von Mitarbeitern in unserem Geist sitzend vorstellen, einige sind **Archivare des Inneren Archivs.** Diese erhalten nun die Botschaft: ‚Achtung, der *Gehirn-Besitzer* will in einem weiteren Bereich seiner Geistestätigkeit *Gehirn-Benutzer* werden und abgesunkenes Wissen wieder nutzen. Achtung, dieses Thema unbedingt wieder aktivieren!' Daraufhin beginnen diese Helfer Kasten und Schubladen zu öffnen, sodass mehr und mehr Perlen unseres Schatzes nach oben zu floaten beginnen."[31]

Möchten Sie sich auf dieses „Stadt-Land-Fluss"-Gefühl auch als Erwachsener einlassen und Ihr erstes **Wissens-Abc** anlegen? Dann lade ich Sie jetzt dazu ein – alles, was Sie brauchen, ist Schreibzeug und ca. drei Minuten Zeit. Sie machen sozusagen eine erste Inventur Ihres Wissensschatzes, oder, je nach gewähltem Thema, Ihrer Lebensweisheiten, auf einem bestimmten Gebiet – ab Seite 185 finden Sie noch mehr Anregungen zum Ausprobieren (und vor allem: Weitermachen!). „Kreatives Schummeln" ist natürlich erlaubt, z. B. bei den schwierigen Buchstaben X oder Y. Sie werden es selbst bemerken – die Anfangsbuchstaben der Wörter funktionieren wie magnetische Angelhaken, die Ihnen beim Fischen in Ihrem inneren Archiv helfen. Suchen Sie sich ein Thema der vorliegenden drei aus, über das Sie nun eine erste Wissensliste anlegen möchten – und los geht's! (Die vorgeschlagenen Themen eignen sich als Einstiegsgebiete besonders gut; wenn Sie lieber mit einem anderen beginnen möchten, das Ihnen vielleicht zurzeit sehr am Herzen liegt – nur zu!)

KREATIVITÄT K

Themenvorschläge: Tiere – Berufe – mein Heimatort

Thema:

A	J	S
B	K	T
C	L	U
D	M	V
E	N	W
F	O	X
G	P	Y
H	Q	Z
I	R	

Wenn Ihnen diese Übung Spaß gemacht hat – schön! Sie können übrigens jederzeit hierher zurückkehren, falls Ihnen später noch etwas dazu einfällt – und ich kann Ihnen garantieren, dass dies der Fall sein wird! Die erwähnten Angelhaken arbeiten in Ihrem Unterbewusstsein noch weiter, auch wenn Sie schon längst wieder zur Tagesordnung übergegangen sind.

Aus einem ganz bestimmten Grund (den Sie weiter unten erfahren werden), möchte ich Sie dazu einladen, noch mindestens *eine* weitere **Wissensliste** hier anzulegen. Wie wäre es z. B. diesmal mit einem Gebiet, wo Sie sozusagen zuhause sind – Ihrem Hobby, Beruf oder Spezialgebiet?

KREATIVITÄT

Themenvorschläge: Spezialgebiet

Thema:

A	J	S
B	K	T
C	L	U
D	M	V
E	N	W
F	O	X
G	P	Y
H	Q	Z
I	R	

Sie haben vielleicht (wenn Sie diese Übungen mitgemacht haben) bemerkt, welche Reaktionen bei Ihnen ausgelöst werden, wenn Sie freies Assoziieren einmal auf diese Art und Weise probieren. Falls die Ausbeute noch etwas gering war (was völlig natürlich ist – siehe weiter oben), ein wichtiger Hinweis: Auch kleine Schneebälle können früher oder später zu Lawinen anwachsen – vorausgesetzt, sie werden ins Rollen gebracht!

Diese Wissenslisten sind ein machtvolles Kreativitätswerkzeug, das Ihnen helfen kann, die bereits in Ihnen verborgenen Schätze zu entdecken und somit schöpferischer, kreativer zu werden. Sie werden natürlich umso leichter fündig, je reicher Ihr **Inneres Archiv** und je dichter Ihr **Wissens-Netz** geknüpft ist – wieder ein Ansporn mehr, lebenslanges

KREATIVITÄT

Lernen nicht als Belastung, sondern Bereicherung, ja Herausforderung zu empfinden (und mit den vorgestellten Gedächtnisstrategien unter das Motto **LMS – Lernen macht Spaß** zu stellen).

Aus eigener Erfahrung weiß ich, dass **Wissens-Abcs** auch ein hervorragendes Medium darstellen, um *reflexiv, zurückblickend* zu arbeiten, und so helfen können, Probleme aufzuarbeiten oder bei Konflikten erhellend zu wirken. Wenn Sie das nächste Mal einen Streit, eine Meinungsverschiedenheit oder einfach nur einen Grund zum Ärgern mit jemandem hatten (allesamt Energieräuber) – versuchen Sie doch einmal, Energie dadurch zurückzugewinnen, indem Sie eine Abc-Liste mit (trotz allem!) positiven Eigenschaften dieser Person oder, wenn dies nicht möglich ist, dieser Situation anlegen. Sie werden Ihren Konfliktpartner niemals ändern können, nur sich selbst und Ihre Einstellung zu den Dingen. Und eine Abc-Inventur kann Ihnen zu Einblicken verhelfen, die Ihnen sonst verborgen blieben ...

Wenn Sie mit dieser Art des assoziativen Denkens einmal vertraut sind und Lust auf mehr haben, gibt es eine Steigerungsmöglichkeit dieser Technik, die Ihrer Kreativität noch weitere Sprünge erlaubt: Sie verlassen dieses additive Herangehen an ein Thema in Form von Assoziationen und springen zur **Bisoziation**[32] – Sie verbinden zwei miteinander völlig unverbundene Assoziationsrahmen (in unserem Fall: Abc-Listen) und können so zu verblüffenden Aha-Erlebnissen gelangen. Sie verlassen ausgetretene Denkpfade und schlagen neue Wege ein – gespannt und aufnahmebereit für das, was sich Ihnen dort zeigt.

Manchmal kann es sogar die Lösung zu einem Problem sein, die sich auf diese Art und Weise herausschält. Ein Beispiel[33]: Die Managerin eines Shoppingcenters stand vor dem Problem, dass viele potenzielle Kundinnen verloren gingen, weil die Tiefgarage abends (wo diese Zeit und Lust zum Einkaufen gehabt hätten) nur spärlich beleuchtet war. Die Geschäftsleute scheuten jede weitere Investition bezüglich Lichtinstallationen – woher also (mehr) Licht nehmen? Die Erleuchtung kam der Managerin, als sie das Problem mit einer Wissensliste aus einem völlig anderen Gebiet kombinierte – in ihrem Fall war es ihr Hobby, Laien-Schauspielerei. Als Ausgangspunkt für ihr Problem wählte sie den Buchstaben I (für Investition) und

99

KREATIVITÄT

fand in ihrer Theaterliste das Stichwort Inszenierung. Dies löste einen völlig neuen Gedankengang aus – und führte letztendlich zur (erfolgreich umgesetzten) Idee einer Beleuchtung als Inszenierung! Ein Lampenhändler stellte seine Produkte als kostenlose Werbung auf; andere Händler folgten dem Beispiel.

Um neue Blickwinkel zu entdecken, gilt es also, verstarrte Denkmuster los- und sich auf neue, (noch) ungewohnte einzulassen. Bisoziation mithilfe von Listen-Querdenken kann dabei zu überraschenden, verblüffenden Erkenntnissen führen – probieren Sie es einfach aus!

Verknüpfung Kreativität und Gedächtnistraining

Nicht umsonst laufen meine Seminare unter dem Titel **„Kreatives Gedächtnistraining** und persönliches Wissensmanagement". Auch die verschiedenen Methoden des Gedächtnistrainings (siehe „Geschichten-Methode"; „Haken-Methode"; „Loci-Methode"), wie sie hier in diesem Buch vorgestellt werden, *sind* kreativ und *machen* kreativ(er). Sie lernen, (wieder) in Bildern zu denken – in Bildern, die Sie früher vielleicht als absurd oder unmöglich abgetan hätten. Sie können das schlummernde Potenzial Ihrer Phantasie durch **kreatives Bilderdenken** zum Leben erwecken!

Und Sie werden merken, dass auch auf diesem Gebiet der alte Spruch „Übung macht den Meister" zutrifft – je öfter Sie es ausprobieren und sich auf diese Erfahrung einlassen, desto schneller werden Sie in diesem Denken in Bildern. In Ihrer Phantasie und bald auch in Ihrem Leben gilt: „Es gibt nichts, was es nicht gibt!"

Die hier vorgestellten Kreativitätswerkzeuge sollen Ihnen einerseits helfen, den eingangs erwähnten Zustand der entspannten Wachsamkeit zu erreichen, auf dem Kreativität gedeihen kann. Sie bieten Ihnen aber auch gleichzeitig eine erste Möglichkeit des Eintauchens in ein Thema, eine Aufgabe, ein Problem, um Ideen zu finden und Ihr innovatives Potenzial anzuzapfen. Denn: Kreativität bedeutet nicht, auf intuitive Eingebungen, Ideen oder Einfälle zu warten, die sich spontan einstellen (oder auch nicht) – dann wäre sie eher ein Glücksspiel als eine ökonomisch nutzbare

KREATIVITÄT

Ressource. Es gilt vielmehr, in einen frei fließenden Denkstil umzuschalten, um Ihr kreatives Potenzial gezielt abrufen zu können. In diesem Sinne: viel Spaß beim Ausprobieren und Weiterentwickeln dieser Werkzeuge!

Und als Abschluss: Was fällt Ihnen spontan zum Thema Kreativität ein? Um Ihnen das Brainstorming zu erleichtern, lade ich Sie gleich zu einer Übung ein, die Ihnen das mühsame Kramen im Geiste ersparen soll. Nehmen Sie einfach die Buchstaben des Wortes Kreativität als Auslöser, als Angelhaken für Ihre Assoziationen, und lassen Sie sich überraschen, welche Schätze Sie diesmal damit an Land ziehen können.

K R E A T I V I T Ä T

LOCI-METHODE

Das Alte auf eine neue Weise tun – das ist Innovation.
Joseph A. Schumpeter (1883–1950)

Loci-Methode

„Alt, aber gut" – die wohl effektivste Mnemotechnik, die auch heute noch hinter den meisten verblüffenden Köpfchenrekorden und Gedächtnisexperimenten steckt, wurde bereits von den Griechen und Römern der Antike erfolgreich eingesetzt. Haben Sie Lust, mit mir ein wenig hinter die Kulissen solcher Gedächtnisrekorde zu blicken? Ganz egal, ob es sich dabei um das Einprägen unglaublich langer Zahlenreihen, Stufenfolgen oder welcher Gedächtnisinhalte auch immer handelt – meistens steht diese Gedächtnismethode dabei im Hintergrund und keine wie immer geartete Form von Hexerei. (Welche Hexe würde sich auch so bereitwillig in ihre Karten blicken lassen?) Ich möchte sie Ihnen nun so näher bringen, dass Sie sich damit ebenfalls innerhalb kurzer Zeit – Lust und Mut zum Ausprobieren vorausgesetzt – eine Anzahl von Dingen merken können, die Sie sich ohne diese Strategie nie zugetraut hätten. Und nichts spricht dagegen, sie auch ab und zu (noch) ahnungslosen Mitmenschen gegenüber auszuprobieren und selbst einmal als GedächtniskünstlerIn dazustehen.

Als Vater dieser Technik gilt ein griechischer Lyriker, Simonides von Ceos (6. bis 5. Jh. v. Chr.). Er wurde während einer Feier in einem Festsaal von zwei Männern nach draußen gebeten, doch während er sich im Freien aufhielt, stürzte das Gebäude zusammen und begrub alle Anwesenden unter sich. Weil Simonides sich genau an die Orte erinnerte, wo sich die einzelnen Gäste aufgehalten hatten bzw. gesessen waren, konnten mit seiner Hilfe die Zahl und Namen der Opfer rekonstruiert werden – und die so genannte Loci Methode (von lat. locus = der Ort) war geboren! Der Kern dieser Technik: Wir legen Dinge, die wir uns merken möchten, an bestimmten Orten ab – und zwar so bildlich und einprägsam wie möglich (Sie wissen ja: Es darf auch absurd, komisch oder übertrieben sein), und holen sie von dort ganz einfach wieder ab. Das Erstaunliche, das Sie dabei bemerken werden: Diese Dinge (Merkinhalte) sind wirklich noch dort, wenn Sie sie abholen möchten, auch wenn zwischen Ablegen (sprich: einprägen) und Abholen (= sich daran erinnern) schon einige Zeit vergangen ist!

LOCI-METHODE

Als Loci bzw. Orte zum Ablegen eignen sich Wege durch verschiedene Zimmer in Ihrem Haus oder Ihrer Wohnung oder Rundgänge durch bekannte, Ihnen gut vertraute Gebäude, wie z. B. Lieblingshotel, Lieblingsrestaurant oder wohlbekannte Häuser von Freunden. Es kann auch eine bestimmte Runde im Garten, in einem Park oder Wald sein – kurz gesagt: Spaziergänge im Geiste!

Wenn Sie nun Lust auf so einen Spaziergang haben, dann lassen Sie uns beginnen – wie bei der Hakenmethode gilt auch hier die **3-Schritte-Regel:**

1 Legen Sie die Route für Ihren ersten Gedächtnisspaziergang fest. Nehmen wir an, Sie entscheiden sich für den ersten Raum, den Sie beim Betreten Ihres Hauses/Ihrer Wohnung vorfinden. Machen Sie nun eine bewusste Runde durch diesen Raum, und merken Sie sich dabei zehn markante Plätze, die Ihnen bei diesem Rundgang ins Auge fallen. Sollte der Raum zu klein sein, können Sie diese zehn Orte auch in zwei Räumen fixieren. Wichtig ist nur, dass Sie die einmal gewählte Reihenfolge beibehalten, weshalb es sich bewährt hat, jeden Raum immer in der gleichen Richtung (z. B. rechts von der Tür beginnend) im Geiste abzuschreiten.

2 Das Einprägen wird natürlich erleichtert, wenn Sie diese zehn Plätze auch schriftlich festhalten (Formular dafür finden Sie im Anhang!). Tipp aus langjähriger Erfahrung: Verwenden Sie zunächst einen Bleistift zum Notieren – oft stellt sich ein Ort im Nachhinein als nicht sehr brauchbar heraus und muss durch einen anderen ersetzt werden.

3 Nun investieren Sie einige Minuten Zeit, um diesen Spaziergang in seinem Ablauf zu visualisieren und um sich diese „Loci" gut einzuprägen. Sie sind Ihr Werkzeug, das einsatz- und griffbereit vorhanden sein muss, wenn es später ans Memorieren verschiedenster Gedächtnisinhalte geht!

Zum Thema Memoriermaterial: Für anfängliche Fingerübungen finden Sie am Ende dieses Kapitels Listen von Wörtern, die bei Gedächtnissport-Bewerben (wie z. B. den österreichischen Gedächtnismeisterschaften „Mind Games") in der Disziplin „Wörterlauf" zum Einsatz kamen. Setzen

LOCI-METHODE

Sie sich – aus Trainingsgründen – ebenfalls ein Zeitlimit von 15 Minuten, und notieren Sie sich, wie viele Wörter Sie sich einprägen und richtig wiedergeben konnten. Wenn Sie diese Übung öfter machen, werden Sie erstaunt sein, welche Trainingsfortschritte möglich sind!

Kritische Geister mögen nun einwerfen: Worin liegt der Sinn, sich hundert oder mehr willkürlich gewählte Wörter, noch dazu in einer bestimmten Reihenfolge, einzuprägen? Und das alles noch dazu unter Zeitdruck? Die Antwort lautet zunächst: Nicht kritisieren, sondern ausprobieren! Erst wenn Sie sich selbst einmal diese Aha-Entdeckung – zu welch verblüffenden Leistungen unser Bio-Computer namens Gehirn fähig ist – „gegönnt" haben, werden Sie das Potenzial begreifen, das in dieser uralten Mnemotechnik verborgen ist.

Und für welche Symphonien von Gedächtnisinhalten Sie sich nach diesen anfänglichen Fingerübungen entscheiden, liegt ganz bei Ihnen – Ihrer Phantasie sind keine Grenzen gesetzt! Ganz egal, ob Sie sich kurzfristig einige Dinge merken wollen, die im Laufe eines Gesprächs auftauchen, oder ob Sie Fakten oder Informationen längerfristig in Ihrem Gedächtnis speichern möchten – legen Sie sie einfach in Ihren Räumen ab, um sie dort dann wieder abzuholen, wenn Sie sie brauchen! Bei den alten Griechen waren es übrigens die Stichpunkte einer Rede, die sie an bestimmten Orten im Geiste ablegten, um sie dann in ihren Vortrag – ohne Hilfe eines Spickzettels! – einzubauen. (Im Kapitel „Reden können wie ein Profi" werden wir diesen Gedanken wieder aufgreifen.)

Wenn Sie diese Loci-Methode perfektionieren, können sie sich damit ungeahnte Datenmengen einprägen. Der Gewinner der World Memory Championships 2002 in London, Andi Bell, merkte sich damit die Reihenfolge von 24 (zufällig gemischten) Kartensets à 52 Karten in einer Stunde, die er anschließend fehlerfrei(!) niederschrieb.

Doch Ihr Ziel muss ja nicht gleich ein Weltmeistertitel im Karten-Memorieren sein – werden Sie Meister im Verorten und damit Merken von jenen Fakten und Daten, die Ihnen wichtig sind und denen Sie einen Ort und damit einen Speicherplatz in Ihrem Gedächtnis zuweisen möchten!

LOCI-METHODE

Wörterlauf

1	Leben
2	Kunst
3	Hexe
4	Körper
5	Buch
6	Geburt
7	Angst
8	Punkt
9	Geschenk
10	Gäste

21	Höhle
22	Tiefe
23	Lehrer
24	Schiff
25	Zukunft
26	Pferd
27	Natur
28	Holz
29	Hoffnung
30	Geld

41	Welt
42	Pflicht
43	Abend
44	Rätsel
45	Nelke
46	Pirat
47	Zeugnis
48	Ziel
49	Fenster
50	Glück

11	Baum
12	Gebirge
13	Tür
14	Magen
15	Kranz
16	Sprache
17	Säule
18	Giraffe
19	Himmel
20	Sport

31	Schrift
32	Karte
33	Apfel
34	Lager
35	Treppe
36	Reue
37	Sorge
38	Bewegung
39	Band
40	Uhr

51	Weg
52	Hund
53	Freude
54	Trompete
55	Mutter
56	Name
57	Alltag
58	Sauerstoff
59	Figur
60	Lineal

MNEMOTECHNIK

Die Menschen werden immer vergesslicher, weil man in Papiertaschentücher keine Knoten machen kann.
Quelle unbekannt

Mnemotechnik
alt, aber gut!

Das Wort Mnemotechnik leitet sich von der griechischen Göttin Mnemosyne ab, der Göttin der Erinnerung und Mutter der neuen Musen.

Mnemotechnik nutzt die Assoziationsfähigkeit und Vorstellungskraft unseres Gehirns. Mit ihrer Hilfe schaffen wir eindrucksvolle, bunte, sinnliche und somit unvergessliche mentale Bilder, die unser Erinnerungsvermögen drastisch steigern können. Wir verbinden die Dinge, die wir behalten möchten, mit Nebenvorstellungen, Assoziationen, Orten oder Haken und prägen sie so unserem Gedächtnis ein. (Manchmal) trockener Wissensstoff wird mit vergnüglichen Phantasien verknüpft; Lernen „darf" auch Spaß machen!

Mnemotechnik ist – wie wir im vorhergehenden Kapitel gesehen haben – keine neue Erfindung, sondern eine uralte Methode, Wissensinhalte dauerhaft in unserem Gedächtnis zu verankern. Wer an einem ebenso lehrreichen wie augenzwinkernd-amüsanten Streifzug durch die Geschichte der Mnemotechnik interessiert ist, dem sei das bereits im Kapitel „Eselsbrücken" erwähnte Werk „Esels Welt. Mnemotechnik zwischen Simonides und Harry Loryne" ans Herz gelegt. Der Autor Ulrich Voigt beleuchtet den Werdegang der einzelnen Techniken von ihren Anfängen in der Antike bis in unsere Zeit. Die Philosophie der Mnemotechniker, so schreibt er, ist eine Philosophie des „Sape, si rides"! („Du lernst und wissest, wenn du lachst!")[34] Wenn man sich in der Kunst der Mnemotechnik zurechtfinden will, muss man sich an ein friedliches Neben- und Ineinander von Scherz und Ernst, von Skurrilem und Rationalem gewöhnen!

Wie jede Kunst ist auch Mnemotechnik zunächst mit Arbeit verbunden – denn auch Eselsbrücken wollen gezimmert und Garderoben eingerichtet werden. Wenn Sie sich jedoch dafür entschieden haben und es Ihnen

MNEMOTECHNIK

gelingt, mit Vergnügen an diese Arbeit zu gehen, dann sind Sie auf der richtigen Spur. Und wenn sich dann die ersten Erfolge in Form von (oft verblüffenden) Aha-Erlebnissen einstellen, ist die Lust am Weitermachen garantiert!

Ich habe mich in diesem Buch auf jene bewährten Gedächtnisstrategien beschränkt, die ich bereits vielfach erprobt habe und nach wie vor mit Erfolg einsetze, um mir selbst vieles leichter zu merken und einzuprägen. Sie werden es selbst feststellen: Wenn man einmal die Faszination dafür entdeckt, ergibt sich beinahe täglich neues Memoriermaterial, bei dem man diese Mnemotechniken immer wieder aufs Neue anwenden kann!

Hier noch einmal die wesentlichsten Techniken im Überblick. Die Schlüsselwort- und Zahlenbilder-Methode werden Sie noch im weiteren Verlauf kennen lernen – bei den übrigen haben Sie ja vielleicht das eine oder andere bereits ausprobiert.

● Anfangsbuchstaben-Methode

Sie basteln sich ein Anfangsbuchstaben-Merk-Wort (AMW) oder einen Anfangsbuchstaben-Merk-Satz (AMS) aus den Anfangsbuchstaben des zu erinnernden Inhalts.

● Eselsbrücken

Etwas Neues oder schwierig zu Merkendes wird durch eine Bindung an Bekanntes oder leicht Fassbares beherrschbar gemacht. Diese Verbindung ist unsere Brücke, die wir (als kluge Esel!) beschreiten, um das Gewünschte abzuholen, sprich: uns daran zu erinnern.

● Geschichten-Methode

Einem eher trockenen, spröden Lernstoff wird Leben eingehaucht, indem Sie die darin enthaltenen Schlüsselbegriffe in lebendige Bilder verwandeln. Diese Bilder dürfen nicht wahllos aneinander gereiht werden, sondern müssen in einem durchgehenden Handlungsstrang so miteinander verknüpft werden, dass die Geschichte lebt und eine Seele bekommt.

MNEMOTECHNIK

● **Haken-Methode**

Sie richten sich eine Garderobe ein, wo Sie Ihre Merkinhalte an den verschiedensten Haken aufhängen können. Ihre Haken könnten zum Beispiel in bestimmter, immer gleich bleibender Reihenfolge an Ihrem Körper oder in Ihrem Auto verankert sein. Sie können sich aber auch auf nummerierte Haken stützen, indem Sie sich für jede Zahl von eins bis ? fixe Zahlenbilder zurechtlegen. Damit schlagen Sie zwei Fliegen auf einen Schlag, denn diese bilden zugleich auch die Grundlage für die im Kapitel „Zahlen merken – kein Problem" vorgestellte Zahlenbilder-Methode.

● **Loci-Methode**

Sie ist der eigentliche Kern, das Herz der antiken Mnemotechnik. Wir legen Dinge, die wir uns merken möchten, an bestimmten Orten so bildlich und einprägsam wie möglich ab. Genauso wie die oben erwähnten Haken müssen auch diese Orte, diese Räume in unserem Gedächtnis bereits eingerichtet sein, bevor wir daran gehen, sie für einen ertragreichen Gedächtnisspaziergang zu benützen.

● **Schlüsselwort-Methode**

Beim Einprägen von Namen, Fremdwörtern oder Vokabeln werden Sie zur kreativen MnemotechnikerIn, wenn Sie sich darin üben, zu schwierigen Wörtern ein BILDgebendes Schlüsselwort zu finden, das Sie spontan mit diesem Begriff verbinden. Diese Assoziation hilft Ihnen, das Wort einzuprägen und später auch wieder abzurufen.

● **Zahlenbilder-Methode**

Sie legen sich für die Zahlen von null bis 99 symbolische Bilder zurecht. Einmal eingeprägt, können Sie diese dann, je nach Bedarf, auf verschiedenste Art und Weise miteinander verknüpfen. Wie bei allen vorgestellten Mnemotechniken ergibt sich dadurch nicht nur ein unmittelbarer Nutzen für Ihren Alltag, sondern Sie trainieren damit auch Ihre Fähigkeit, in Bildern zu denken, und erhöhen so nebenbei Ihre spontane Kreativität und Phantasie.

NAMEN UND GESICHTER

Ein Name ist nichts Geringes.
Johann Wolfgang von Goethe (1749–1832)

Namen und Gesichter merken

Bei den jährlich stattfindenden österreichischen Gedächtnismeisterschaften („Mind Games"), einem Gedächtnis-Zehnkampf, gibt es einen Bewerb, der sich „Namen und Gesichter" nennt. Den TeilnehmerInnen werden drei Bögen mit insgesamt hundert Passfotos und dazugehörigen Vor- und Nachnamen vorgelegt. 15 Minuten lang gilt es, sich möglichst viele Vor- und Nachnamen einzuprägen, um sie dann in weiteren 15 Minuten wieder den richtigen Gesichtern zuzuordnen (die natürlich nicht in derselben Reihenfolge präsentiert werden). Für mich ist dies die Königsdisziplin bei Gedächtniswettbewerben – nicht weil es mir im November 2002 gelungen ist, mit 135 richtig memorierten Namen einen neuen Weltrekord aufzustellen, sondern weil man dafür nicht extra im stillen Kämmerchen trainieren muss. Die beste Trainingswiese bietet nämlich das Leben selbst, unser tägliches Miteinander.

Bevor wir jedoch unser Ziel – ein besseres, verlässlicheres Gedächtnis (Namen- und Personengedächtnis eingeschlossen) – erreichen können, müssen wir uns dafür entscheiden, viel bewusster im Hier und Jetzt zu leben. Wir merken uns Dinge nicht, wenn wir ihnen nicht vorher genügend AufMERKsamkeit geschenkt haben. Wenn ich mir nun den Namen eines Menschen ganz bewusst merken möchte, signalisiere ich damit, dass ich diesen für beMERKENswert halte – ein (für beide Seiten) wohltuender Gedanke im täglichen (oft so gedankenlosen) Miteinander.

Alles, was Sie dazu brauchen, um für Ihr Namensgedächtnis beneidet zu werden, lässt sich mit den **3 Ws** und der wirksamen Formel **BMV** zusammenfassen:

- **W**elches **Bild** kann ich mir zum Namen machen?
- **W**elches **Merkmal** fällt mir im Gesicht / an diesem Menschen auf?
- **W**elche (auch absurde, komische) **Verknüpfung** zwischen Namensbild und Merkmal ergibt sich spontan für mich als Hilfsbrücke?

NAMEN UND GESICHTER

Das wichtigste **W** (nicht nur) in diesem Zusammenhang ist jedoch das **Wollen.** Genauso, wie wir letztendlich nur das lernen, was wir lernen wollen, erinnern wir uns nur an Dinge und Menschen, an die wir uns erinnern wollen. Wollen Sie??? Dann wünsche ich Ihnen viel Spaß und Erfolgserlebnisse bei den nächsten Übungen!

Kommen wir zum ersten Schritt: Um sich ein Bild zum Namen machen zu können, müssen Sie diesen zunächst auch wirklich akustisch richtig wahrgenommen haben. Das heißt: Scheuen Sie sich nicht nachzufragen, wenn Sie sich nicht ganz sicher sind. Keine Angst: Der Name gehört zum Lieblingsmarkenzeichen eines jeden Menschen, und kaum jemand wird beleidigt reagieren, wenn Sie sich besonders dafür interessieren. Außerdem gibt Ihnen dieses Nachfragen („War das nun Maria Bayer oder Mayer?" oder „Mayer mit -ai- oder -ey-?") die Möglichkeit, den Namen bereits selbst einmal auszusprechen – was Sie im Verlaufe des Gespräches ohnehin noch öfter machen sollten.

In diesem ersten, bewussten Wahrnehmen des Namens verbirgt sich bereits die Wurzel eines erfolgreichen Namensgedächtnisses. Wir könnten in diesem Zusammenhang einiges von den (für ihre Höflichkeit bekannten) Japanern lernen: Diese werden eine ihnen überreichte Visitenkarte immer aufmerksam studieren und den Namen aussprechen (und nicht achtlos wegstecken, wie das bei uns manchmal zu sehen ist).

Welches Bild (welche Hilfsbrücke) ergibt sich nun für Sie, wenn Sie einen Namen hören/sehen? Bei Namen wie Fischer, Gärtner, Bäcker usw. ist es natürlich einfach, ein Bild zu schaffen, das sich mit der jeweiligen Person (spielend und spielerisch) verknüpfen lässt. Doch wie ist das mit Rosilowsky, Schulze oder Prikwitz? Keine Angst – mit ein bisschen Übung und der richtigen Technik sind auch solch schwierige Namen zu knacken bzw. merken. Geben Sie nicht gleich auf – mit Phantasie und Einfallskraft entdecken Sie in (fast) allen Namen irgendeine Bedeutung. Auch eine beMERKENswerte, absurde Assoziation hilft Ihrem Gedächtnis auf die Sprünge – Sie müssen sie ja mit niemandem teilen.

Wenn Sie jemandem zum ersten Mal begegnen, bedeutet dieses bewusste Wahrnehmen auch, dass Sie den ganzen Menschen, vor allem das Gesicht, aufmerksam betrachten und sein auffallendstes Merkmal bestim-

NAMEN UND GESICHTER

men. Dies ist es, was Ihnen auch beim nächsten Mal zuerst ins Auge springt. Beim Verknüpfen des (Namens-)Bildes mit diesem Merkmal können Sie auch eine Geschichte, einen Merksatz oder einen Vergleich erfinden. Auch das geht mit zunehmender Übung immer besser und vor allem schneller. Legen Sie sich zunächst die Latte nicht zu hoch, und freuen Sie sich über jeden Namen, den Sie sich ab nun mithilfe unserer Formel **BMV** (leichter) einprägen!

Doch lassen Sie uns methodisch richtig, vom Leichteren zum Komplizierteren, vorgehen – und zunächst mit dem Merken von Vornamen beginnen.

Dieser junge Herr heißt Hans. Getreu unserer Formel BMV (Bild/Merkmal/Verknüpfen) brauchen wir jetzt ein **Bild** für seinen Namen. Wie wär's mit *Hans mit der Gans?* Wenn Sie das Märchen *„Hans im Glück"* kennen, stellen Sie doch dem jungen Mann (im Geiste!!!) eine Gans auf seine Schulter, die ihn – und jetzt kommt das **Merkmal** ins Spiel und wird sogleich mit unserem Bild **verknüpft** – in seine (ausnehmend hübsch geformten) Ohren zwickt. Keine Angst: Er merkt es nicht, aber Sie merken sich garantiert seinen Namen.

Auf diese Art und Weise lässt sich sogar ein wenig Vorarbeit erledigen: Sie können sich für die gängigsten Vornamen bereits im Vorhinein bestimmte Bilder zurechtlegen. Bei Peter (von Petrus = Fels) suche ich z. B. immer nach einem Merkmal, wo sich ein kleiner Stein befestigen lässt; Monika löst entweder die Assoziation Mond, Mona Lisa oder Money aus, die ich dann bildlich mit dieser Dame verknüpfe. Ein Helmuth bekommt einen (imaginären!!!) Helm aufgesetzt, und Sandra streue ich ein wenig Sand ins Haar ...

Wenn Ihnen diese **BMV-Methode** (aufgrund der doch manchmal ungewöhnlichen Bilder) im ersten Moment zu gewagt erscheint – das Merken von Vornamen funktioniert auch blendend dadurch, dass Sie Namensvettern, die einander überhaupt nicht kennen müssen, einfach im Geiste miteinander verknüpfen. Sie haben z. B. bereits eine liebe Freundin namens Veronika und lernen jemanden mit demselben Namen kennen. Lassen Sie beide in Ihrer Vorstellung in ein intensives Gespräch vertieft sein oder herzlich über einen guten Witz lachen! Wenn Sie das nächste Mal

NAMEN UND GESICHTER

Ihre neue Veronika treffen, blitzt garantiert der Assoziationsfunke an Veronika 1 auf und lässt Sie sie mit ihrem richtigen Vornamen begrüßen.

So weit – zum Aufwärmen – die Vornamen. Lassen Sie uns nun zu den Familiennamen kommen, die für Sie im beruflichen Umfeld wahrscheinlich (noch) wichtiger sind. Auch hier wenden wir unsere Formel BMV an – wir brauchen ein BILD, das vom Klang des Namens erzeugt wird, ein typisches MERKMAL am Menschen selbst, und wir VERKNÜPFEN diese beiden miteinander.

Üben wir gleich „am Modell":

Wilma Löcker, 17.9.

Diese nachdenkliche junge Dame heißt **Wilma Löcker.** Das Klang-Bild dieses Namens erinnert an „Locken" oder „Löckchen" – und als typisches Merkmal, das sich perfekt für ein Verknüpfung eignet, nehmen wir ihre widerspenstigen Löckchen, die sicher ihren eigenen Willen haben. Und so wird uns der Name Wilma Löcker sicher einfallen, wenn wir ihr das nächste Mal begegnen!

Carl Nasgot, 21.8.

Ein bisschen erinnert uns dieser junge Mann an den berühmten Leichtathleten Carl Lewis, nicht wahr? Wenden wir diese „Erinnerungstechnik" gleich beim Merken seines Vornamens an. Wir könnten uns ja vorstellen, wie er begeistert ein Stückchen mit ihm mitsprintet ....Was machen wir nun mit seinem Familiennamen Nasgot? Er hat eine recht eigenwillige *Nase* vom lieben *Gott* mitbekommen, finden Sie nicht? Betrachten Sie sein Gesicht aufmerksam, sprechen Sie seinen Namen auch leise aus, und verknüpfen Sie damit das Merkmal mit dem Klangbild – und **Carl Nasgot** ist gespeichert!

Sigrun Carera, 11.11.

Diese junge Frau blickt sehr siegessicher in die Welt – vielleicht liegt ja eine ungewöhnliche Karriere vor ihr? Warum es wichtig ist, hier unbedingt an eine ungewöhnliche Karriere zu denken: damit aus „Sigrun nicht Sieglinde wird. Wünschen wir also **Sigrun Carera** bei ihrer ungewöhnlichen Karriere alles Gute!

NAMEN UND GESICHTER

Hans Kellner, 10.4.

Den Vornamen dieses jungen Mannes kennen wir bereits – wissen (und sehen) Sie noch, wer ihm da in seine hübschen Ohren zwickt? An welches Märchen wir beim Einprägen seines Vornamens gedacht haben? Und „Glück" hat er sicher in seinem Leben – bei dem Lächeln! Da kann man sich gut vorstellen, wie er als freundlicher Kellner seine Gäste umsorgt. Nehmen wir an, er ist in Wirklichkeit ein hervorragender Computerspezialist. Dann lassen Sie Herrn **Hans Kellner** einfach im Geiste die neueste Software-Entwicklung formvollendet auf einem Silbertablett servieren.

Das Auffallendste an dieser jungen Frau sind ihre Augen – rund und dunkel wie reife Kirschen. Und jetzt noch ein paar Barbarazweige hinters linke Ohr gesteckt und dieses Bild eingeprägt – dann ist auch ihr Name gespeichert – Frau **Barbara Kirschner.**

Barbara Kirschner, 23.7.

Martin Rosilowski, 13.12.

Stellen Sie sich diesen Herrn vor, wie er in einer Martini-Werbung auftritt – würde man ihm doch abnehmen, nicht wahr? Und dabei hat er eine wunderschöne, langstielige Rose zwischen den Lippen – für seine Frau Rosi, die Ski fahren liebt (oder auf Englisch – auch darauf greifen wir zurück! - ... for his wife Rosi, who loves skiing). Somit merken wir ihn uns, den Herrn **Martin Rosilowski!**

Lassen wir diese charmante Frau eine Romanschreiberin sein. Sie liebt ihren Beruf, lacht gerne und hat gerade einen prickelnden Witz in ihrem neuen Roman verpackt, über den sie selbst herzlich lachen muss. Sie stecken uns damit an, Frau **Romana Prickwitz!**

Romana Prickwitz, 3.10.

Leo Bleckmann, 16.1.

Wie ein Löwe (= Leo) bleckt her Leo Bleckmann seine Zähne, die uns sofort ins Auge stechen. Mann, so schöne hätte wohl jeder gerne, Herr **Leo Bleckmann!**

NAMEN UND GESICHTER

Lukas Stattmann, 23.11.

Schauen Sie, wie verschmitzt dieser kleine Bub in die Kamera lugt. Vielleicht ist der Photograph ja auch Engländer und fordert ihn auf „Look here, please!" Also, aus dir wird sicherlich einmal ein stattlicher Mann, lieber **Lukas Stattmann!**

Also – diese junge Dame namens Lara lacht wahrlich rasch und gerne! Und den Dufflecoat stellt sie nie ins Eck; am liebsten würde sie ihn gar nicht mehr ausziehen, unsere **Lara Duffek.**

Lara Duffek, 15.6.

Lotte Schulzenberger, 3.1.

Diese ältere Dame, Frau Lotte Schulzenberger, macht wirklich einen flotten Eindruck, nicht wahr? Betrachten Sie den Schwung in ihrem Haar, das fröhliche Lachen. Ihre Schulzeit liegt schon etwas länger hinter ihr; vielleicht stand ihre Schule damals ja auf einem Berg, auf den sie jeden Tag hinaufwanderte? Kein Wunder, dass sie noch so jugendlich und flott wirkt, unsere Frau **Lotte Schulzenberger!**

Fest wie ein Fels (Petrus = Fels) blickt Herr Peter Knollmüller in die Kamera. Seine knollige Nase ist ein gutes Merkmal, an dem wir seinen Namen – Knollmüller – anknüpfen können. Das Weiß seiner Haare könnte uns aber auch an einen Müller erinnern (vom Mehl bestaubt). Wie immer Sie wollen, Hauptsache, Sie erkennen Herrn **Peter Knollmüller** wieder, wenn Sie sein Photo ohne Namen sehen!

Peter Knollmüller, 20.4.

NAMEN UND GESICHTER

Namen und Gesichter – Test

NAMEN UND GESICHTER

Nehmen Sie noch einen Tipp aus diesem Kapitel für Ihr Leben mit: Machen Sie es in Zukunft Ihren Mitmenschen leichter, sich Ihren Namen zu merken, indem Sie ihnen einen Steigbügel, eine **Hilfsbrücke,** gleich mitliefern!

Also z. B.: *„Mein Name ist Ulrich Sieder, wie Kaffeesieder, oder Sommer – wie Winter.* Auch Erklärungen wie „Mein Name ist Petra Punzer – so wie Panzer mit U" oder „Christine Danner – wie Donner, nur mit a" sind äußerst hilfreich und erleichtern das Einprägen Ihres Namens ungemein. Doch auch hier wieder, wie schon des Öfteren erwähnt: Arbeiten Sie unbedingt mit positiven Merkhilfen – so bleibt auch Ihr Name in positiver Erinnerung! Wenn Sie z. B. „Schimmel" heißen, liefern Sie als Bild „wie die weißen Pferde" mit. Das hört (und fühlt) sich doch viel angenehmer an als der „Schimmelpilz an den Wänden"!

OFFEN FÜR NEUES

O

Betrachte den Abend, als müsse der Tag mit ihm sterben; und den Morgen, als wenn alle Dinge mit ihm zum Leben erwachten. Von Mal zu Mal erneuere sich dein Blick auf die Welt. Weise ist, wer über alles staunt.

André Gide (1869–1951)

Offen für Neues

Der renommierte Zukunftsforscher Matthias Horx schreibt in seiner jüngsten Studie „Future Living": „Unsere große intellektuelle Herausforderung ist die Bewältigung des Übergangs **von der Industriegesellschaft zur Wissensgesellschaft.**" Zu lernen, wie man – auch mit zunehmendem Alter – immer noch dazulernt, wird meiner Meinung nach die zentrale Frage in dieser Wissensgesellschaft sein, um einerseits den Wissensverfall aufzuhalten und andererseits das Wissenspotenzial den neuen An- und Herausforderungen anzupassen.

Lebenslanges Lernen wird also zur Selbstverständlichkeit – und dazu müssen wir uns die Offenheit, die NEUgier und WissbeGIERde eines Kindes bewahren, bereit, auch von überholten Denkmustern ab- und loszulassen, um Neues aufnehmen zu können. Lassen Sie uns der Bedeutung dieser Offenheit anhand einer bekannten Zen-Geschichte[35] nachspüren: Ein Zen-Schüler betritt zum ersten Mal das Heim seines erleuchteten Meisters. Wie es Tradition ist, kredenzt der Meister Tee, bevor sie dazu übergehen, Ideen zu diskutieren. Er füllt die Tasse des Schülers bis zum Rand und gießt absichtlich weiter Tee ein. Der verwirrte Schüler sagt: „Die Tasse ist voll. Es passt nichts mehr hinein." Der Meister hält inne, sieht den Schüler an und sagt: „So wie die Tasse bist du angefüllt mit Gedanken. Wie kannst du lernen, wenn du deine Tasse nicht zuerst ausleerst?"

Wenn wir davon überzeugt sind, über ein Problem, ein Thema genau Bescheid zu wissen (= „unsere Tasse ist voll"), sind wir vom *Geist des Experten* durchdrungen. Dieser hindert uns daran, etwas dazuzulernen, und lässt uns an unseren Ideen und Überzeugungen festhalten. Wenn es uns jedoch gelingt, den *Geist des Anfängers* einzunehmen („unsere Tasse zu leeren"), sind wir **offen für das Staunen, neues Lernen und Wissen.**

Was in der Zen-Tradition als „Geist des Experten" und „Geist des Anfängers" bezeichnet wird, nennt Vera F. Birkenbihl „Aerobics für den offenen Geist"[36]. Ein offener Geist ist bereit, sich bei einer Streitfrage bewusst der (zugegeben zunächst nicht angenehmen) Aufgabe zu stellen,

O — OFFEN FÜR NEUES

auch den anderen Standpunkt zu sehen. Ein offener Geist reflektiert auch über seine fixen Überzeugungen (in seiner „vollen Tasse") und ist bereit, sie auch aus anderen Perspektiven zu betrachten. Und schließlich ist ein offener Geist empfänglich für das Unbekannte und Unerwartete und lehnt Ideen, Vorschläge, Geistesblitze (von außen kommend oder aus seinem eigenen Inneren aufsteigend) nicht vorschnell ab, sondern gibt ihnen zumindest eine Chance!

Wenn es Ihnen gelingt, diese offene Geisteshaltung einzunehmen, wird Lernen ab nun zur spannenden Herausforderung. Lernen kann man nur, wenn man Neues ausprobiert, sich auf bisher Unbekanntes einlässt. Ersetzen Sie dabei ein verkrampftes „Ich MUSS es lernen" durch ein neugieriges „Ich WILL es wissen".

Und zu guter Letzt: Die in diesem Buch vorgestellten Mnemotechniken können Ihnen dabei helfen, neues Wissen in Ihr Wissens-Netz dauerhaft(er) einzuknüpfen – damit als krönender Abschluss noch ein „Und ich werde es mir auch MERKEN" dazukommt!

POSITIVE BILDER

Gedanken lenken und leiten uns, lassen uns siegen oder untergehen.
Buddha

Positive Bilder

Wenn ich jetzt zu Ihnen sagen würde: „Stellen Sie sich bitte auf KEINEN FALL ein lila Pferd mit giftgrüner Mähne und Sonnenbrillen vor!" – was passiert? Das Bild dieses Pferdes (womöglich turtelt es ja noch dazu mit der lila Kuh aus der Werbung) taucht auf, ob Sie wollen oder nicht. Wir können nicht *nicht* in Bildern denken – genau diese Tatsache nützen wir ja aus, wenn wir uns auf das **Kreative Gedächtnistraining** einlassen. Wir entdecken die Macht der Bilder, um uns Dinge zu merken, indem wir sie miteinander bildlich verknüpfen oder indem wir sie an Haken oder Orten ablegen, um sie dort wieder abzuholen.

Wir sollten uns aber bewusst sein, dass alle Bilder, innere und äußere, die wir kreieren oder denen wir uns aussetzen, auch auf uns selbst zurückwirken. Daraus erwächst eine Verantwortung – jene des achtsamen Umgangs mit sich selbst, auch auf dieser scheinbar so spielerischen, unbeschwerten Ebene der Eselsbrücken, Haken und Geschichten. Mein Rat (der auch in all meinen Seminaren einen Stammplatz hat und der genauso auch für mich selbst gilt): Tun Sie sich selbst etwas Gutes – umgeben Sie sich auch in Ihren Gedächtnislandschaften mit so wohltuenden, aufbauenden und natürlich humorvollen Bildern wie möglich!

Eine persönliche Anmerkung: Es gibt bei mir auch noch eine weitere Einschränkung – ich verwende keine religiösen Symbole als Bilder für Haken. Es widerstrebt meinem Empfinden, ein Kreuz, Jesus oder ein Kirche in eine absurd-komische Geschichte einzubauen. Auch für die Zahl zehn als Bild eine Bibel (wegen der Zehn Gebote) zu nehmen, wäre für mich nicht stimmig. Doch diese Entscheidung muss jeder für sich selbst treffen – betrachten Sie diese sehr persönliche Bemerkung bitte nicht als erhobenen Zeigefinger (höchstens nachdenklich an die Stirn gelegt).

Wenn Sie einmal damit begonnen haben, diese Sensibilität für die Bilder in unserer Sprache und in unserem Denken zu entwickeln, öffnen sich neue Türen: Sie entdecken den Reichtum, der in den verschiedensten Redefiguren enthalten ist. Sie werden darüber noch einiges im Kapitel

POSITIVE BILDER

„Reden können wie ein Profi" erfahren. Hier möchte ich nur eine besonders erwähnen: die Redefigur Litotes[37]. Mit ihrer Hilfe kann man etwas an sich Negatives durch doppelte Verneinung oder Verneinung des Gegenteils (das in diesem Fall ein positives Wort ist) beschreiben, also „Dies war nicht sehr klug" statt: „Das war dumm". Fühlen Sie den Unterschied? Auch umgekehrt – durch die Verneinung eines negativen Wortes – kann diese Redefigur eingesetzt werden, um eine bescheidenere oder – je nach Kontext – leicht ironisierende Wirkung zu erzielen. („Sie stammt aus einer nicht unbedeutenden Familie.")

> *Achte auf deine Gedanken, denn sie werden Worte.*
> *Achte auf deine Worte, denn sie werden Handlungen.*
> *Achte auf deine Handlungen, denn sie werden deine Gewohnheiten.*
> *Achte auf deine Gewohnheiten, denn sie werden dein Charakter.*
> *Achte auf deinen Charakter, denn er wird dein Schicksal.*
> (Talmud)

Noch eine weitere Tür möchte ich Ihnen öffnen: Sie führt uns in einen Raum, in dem wir uns ganz bewusst folgende Frage stellen: Welche Art von Botschaften, von Gedanken verbreite ich öfter – positive oder negative? Wie oft erzähle ich einen bestimmten Ärger weiter, um mich abzureagieren? Tut mir (und dem anderen) das auch wirklich gut, jedes Mal wieder die negativen Bilder aufzurufen und weiterzugeben, oder entzieht es mir (und meinem Gegenüber) nicht mehr Energie, als es bringt?

Als kleine Übung zum Schluss, die uns vielleicht in Zukunft durch unseren Alltag begleiten könnte (sie findet sich in leicht abgeänderter Form auch im neuesten Ratgeber von Vera F. Birkenbihl[38]), ein Vorschlag: Senden Sie ab heute mindestens einmal pro Tag eine positive Botschaft an jemanden, der dies in diesem Moment nicht erwarten würde (sich für einen Gefallen zu bedanken gilt nicht – das wäre zu einfach!).

„Sprache ist der Ursprung aller Missverständnisse", sagte der österreichisch-britische Sprachphilosoph Ludwig Wittgenstein einmal. Wie wahr! Nehmen wir es als Herausforderung, Sprache als Denkwerkzeug bewusst einzusetzen – in unseren Gedächtnisbildern genauso wie im täglichen Umgang miteinander. Und ansonsten halten wir es ebenfalls mit Wittgenstein: „Worüber man nicht reden kann, darüber muss man schweigen."

QUÄLEN BRINGT NICHTS!

Eine geistige Entwicklung kann sehr wohl auch mit einer Zunahme der Unwissenheit verbunden sein. Man wickelt sich aus den Binden vermeintlichen Wissens wie eine auferstehende Mumie.

Heimito von Doderer (1896–1966)

Quälen bringt nichts!

Dieses Kapitel liegt mir ganz besonders am Herzen, weil ich hier zwei Punkte aufgreifen möchte, die – bei aller Begeisterung – nicht übersehen werden sollen.

Erstens: Wie Sie inzwischen bereits festgestellt haben, bin ich selbst fasziniert von den Möglichkeiten, die sich durch diese uralte Gedächtniskunst oder Mnemotechnik für unser Gedächtnis ergeben. Es ist auch immer wieder von neuem beglückend zu erleben, wie dieser Funke der Begeisterung in meinen Vorträgen und Seminaren überspringt. Zahlreiche Rückmeldungen von TeilnehmerInnen – auch nach längeren Zeiträumen – zeigen, dass dieser Denkanstoß Bewegung in ihre Denkmühlen gebracht hat, die sich jetzt flüssiger (und vielleicht auch etwas beschwingter) drehen.

Trotzdem will ich nicht mit missionarischem Eifer meine Sache vertreten: Es ist auch völlig in Ordnung, wenn Ihnen, liebe Leserin, lieber Leser, diese Art des bildhaften Denkens nicht zusagt! Sie haben vielleicht Ihre eigenen Gedächtnisstrategien, die völlig anders geartet sind. Diese möchten Sie nicht aufgeben, da Sie damit bisher gut gefahren sind. Gut so – und es ist schön, dass Sie dieses Buch trotzdem bis hierher gelesen haben. Denn eines ist sicher: Es wird Ihnen nun leichter fallen, den Bilder-Denkern in Ihrem Umfeld das nötige Verständnis und wohlwollende Toleranz entgegenzubringen!

Einen weiteren Aspekt möchte ich ebenfalls nicht unerwähnt lassen: Das in den diversen Kapiteln vorgestellte Denken in Bildern soll unbeschwert von rationalen Überlegungen („Was es nicht gibt, kann es nicht geben"), mit Humor und spielerischem Einsatz unserer Phantasie vor sich gehen – getreu dem Motto **LMS – Lernen macht Spass.** Lassen Sie diesen Humor nie zum verkrampften Ernst werden, und üben Sie sich in Gelassenheit – es gibt auch Dinge, die ich mir *einfach so* merken **muss, kann und will!**

R — REDEN KÖNNEN WIE EIN PROFI

Eine gute Rede soll das Thema erschöpfen, nicht die Zuhörer.
Winston Churchill (1874–1965)

Reden können
wie ein Profi

Welche Gründe gibt es, ein Kapitel „Reden können wie ein Profi" in einem Buch über Gedächtnistraining aufzunehmen? Was haben erfolgreiche Rhetorik und ein gutes Gedächtnis miteinander zu tun? Ganz einfach – wir wollen es den antiken Rednern nachmachen, die ihre ZuhörerInnen mit teilweise stundenlangen(!) Reden unterhalten konnten, und das ohne Notizkärtchen oder Spickzettel!

Lassen Sie uns zunächst jedoch eine solide Basis für unsere Redekunst bauen: Stellen Sie sich zwei Brücken vor. Beide sind – der besseren Vergleichbarkeit halber – aus schönem Holz gezimmert. Die erste ist tadellos gebaut, straff gespannt, nahtlos fügt sich im mittleren Brückenteil Brett an Brett. Nur die beiden Brückenpfeiler am Anfang und Ende der Brücke stehen nicht ganz sicher und sind etwas wackelig. Bei der zweiten Brücke hingegen fehlt im Mittelteil das eine oder andere Brett; Sie können den Abstand aber ohne Probleme überwinden. Die beiden Brückenpfeiler sind fest im Boden verankert. Welcher der beiden Brücken würden Sie nun eher Ihr Vertrauen schenken – jener mit dem tadellos aneinander gereihten Brettern in der Mitte oder jener, deren Brückenpfeiler Sie sicher und „wackelungsfrei" begrüßen? Die Antwort liegt auf der Hand, und sie enthält auch bereits den wichtigsten Schlüsselsatz einer gelungenen Rede bzw. Präsentation: **Anfang und Ende entscheiden über den Erfolg** – sie entscheiden darüber, ob Ihre Zuhörer überhaupt zu Ihnen kommen oder in ihrer Welt, auf der anderen Seite des Flusses, bleiben. Dem ersten Brückenpfeiler (= Anfang) kommt dabei die größte Bedeutung zu: Wenn er zu wenig Interesse oder Vertrauen erweckt, geht Ihr Publikum erst gar nicht darüber. Der Schluss hingegen bestimmt, wie dieses Ihre Brücke (= Rede) in Erinnerung behält.

Für eine erinnerungswürdige Präsentation bzw. Rede gilt also zunächst: Sowohl Einstieg als auch Abschluss müssen bombenfest sitzen – hier dürfen

REDEN KÖNNEN

Sie im wahrsten Sinne des Wortes nicht wackeln, und hier zahlt sich bewusstes Üben am meisten aus. Anfang und Ende müssen aber nicht nur gut in Ihrem Gedächtnis *verankert* sein – sie müssen auch so einladend und beeindruckend sein, dass sich Ihr Publikum gerne dafür entschließt, über Ihre Brücke zu Ihnen zu kommen und das abzuholen, was Sie ihm am (anderen) Ende, auf Ihrer Seite sozusagen, mitgeben möchten.

Was nehmen nun ZuhörerInnen aus einer Rede, einem Vortrag, einer Präsentation mit? Kurz und plakativ mit einer **3-Treffer-Metapher** ausgedrückt – jene Argumente, die

● sie selbst, ihre Erfahrungswelt **betreffen**

● sie auch **betroffen** machen und dabei

● den Nagel auf den Kopf treffen – also auch wirklich **zutreffend** sind.

Ihre Aufgabe besteht nun darin, jene Treffer zu suchen und zu finden – und so zu verpacken, dass sie ihr Ziel auch erreichen. Nehmen Sie kein langweiliges graues Packpapier (= lange Schachtelsätze, Standardphrasen, Zahlen und Statistiken etc.) – wickeln Sie Ihre Gedanken, Ideen, Argumente in bunte, überraschende, ja packende Bilder ein! Sie brauchen dazu keine aufwändige Powerpoint-Präsentation – auch die **Bilder in Ihrer Sprache** können mehr sagen als tausend Worte.

Selbst wenn es gilt, graue Theorie oder Zahlen, Fakten etc. zu präsentieren, können Analogien und Vergleiche („Das ist so, wie wenn ...") oder Metaphern Ihrem Publikum helfen, sich das Gesagte auch bildlich vorzustellen. Aus der Lern- und Gedächtnisforschung wissen wir, dass das Lernen bzw. Merken von bildlichem Material grundsätzlich anders (sprich: einfacher) vor sich geht als jenes von rein verbalen Inhalten.[39] Warum sollten Sie sich dies nicht auch für eine gelungene Rhetorik – per definitionem die „Lehre von der wirkungsvollen Gestaltung der Rede" – zunutze machen?

Seit ich mich – seit nunmehr über zehn Jahren – mit dem faszinierenden Thema **Kreatives Gedächtnistraining** befasse, habe ich an mir selbst, durch das intensive Denken in Bildern, eine erhöhte Sensibilität für bildliche Ausdruckskraft auch in unserer Kommunikation festgestellt. Lassen Sie sich ebenfalls auf das spannende Abenteuer ein, die Bilder in unserer Sprache (neu) zu entdecken! Einen hervorragenden Wanderführer

R REDEN KÖNNEN

bei diesem Abenteuer kann ich Ihnen ebenfalls empfehlen: **„In Bildern reden"** von Peter H. Ditko und Norbert Q. Engelen.[40] Ausgehend von einem fundierten Überblick über die Arbeitsweise unseres Gehirns und Gedächtnisses, führen Sie die beiden Autoren in die Welt der Bilder im Kopf. Wenn Sie unbefangen und vor allem lebendig reden und erzählen wollen, finden Sie im Kapitel „Redeschmuck" einen wahren Schatz an Stilmitteln und Redefiguren, die zum Teil bereits in der antiken Rhetorik beschrieben wurden – seien dies nun Metaphern[41] (siehe den „Schatz" im vorhergehenden Satz oder Ausdrücke wie „am Gipfel der Macht", „Redefluss" etc), Sentenzen[42] („Der Weg zur Bank ist mit guten Zinssätzen gepflastert") oder Mittel der Synästhesie[43] („Hier steht es laut und deutlich"), um nur einige zu nennen.

Die Bilder, die Sie in Ihrer Rede verwenden, erfüllen aber auch noch einen weiteren Zweck für Sie – und hier kreuzen sich nun Rhetorik und Mnemonik, also Rede- und Gedächtniskunst: Sie helfen auch Ihnen, Ihre Rede in Ihrem Gedächtnis zu verankern und vielleicht sogar ganz „ohne" zu halten – **ohne Stichwortzettel und ohne (übermäßige) Nervosität** (die den Ersteren meist verräterisch flattern lässt ...). Wie Sie das am besten machen, verrät Ihnen Cicero (55 v. Chr.!) in seiner Abhandlung „De Oratore" („Über den Redner"): „Deshalb muss man sich, wenn man diesen Teil des Geistes üben wolle, bestimmte Orte wählen und das, was man im Gedächtnis behalten wolle, im Geist bildhaft vorstellen und an die gewählten Orte versetzen."[44]

Am einfachsten – und daher für ein erstes Ausprobieren wärmstens zu empfehlen – ist es natürlich, sich als **geistiges Haus** für seine Rede den tatsächlichen Raum zu wählen, in dem Sie Ihre Rede halten werden (besser: wollen). Dort machen Sie es so wie die erfolgreichen Redner der Antike: Sie deponieren – in Ihrer Vorstellung – die **Schlüsselbilder** Ihrer Rede an bestimmten Plätzen in diesem Raum, um sie dann während Ihrer Rede dort abzuholen und Ihr Publikum durch Ihr vollkommen freies Sprechen zu beeindrucken.

Wenn Ihnen Ihr Vortragsort nur wenig oder gar nicht bekannt ist, nehmen Sie einen vertrauten Raum zuhause. Dort können Sie in Ihrer Vorbereitung die Wirksamkeit dieser **Loci-Methode** (= Verknüpfung von Bildern und

REDEN KÖNNEN

Inhalten mit Loci = Plätzen an bestimmten Orten) gleich vor Ort ausprobieren! Allerdings – bevor Sie sie in einer erfolgreichen Rede einsetzen, sollten Sie mit dieser Mnemotechnik bereits vertraut sein. (Übungs- und Trainingsmöglichkeiten dazu finden Sie im Kapitel „Loci-Methode".)

Kreatives Gedächtnistraining, so wie Sie es in diesem Buch kennen gelernt haben, kann Ihnen somit helfen, durch den bewussten Umgang mit Bildern Ihren Vortrag einerseits zu beleben und ihn auf diese Weise im Gedächtnis Ihres Publikums zu verankern. Andererseits erleichtert Ihre Rede Ihnen das Memorieren und freie Wiedergeben.

Darüber hinaus gewinnen Sie durch **Kreatives Gedächtnistraining** aber noch eine weitere Fähigkeit, von der Sie vor allem bei jenen Reden, Erklärungen, Kommentaren profitieren, um die Sie **spontan** gebeten werden – manchmal mit Mikrofon vor der Nase und womöglich auch noch vor laufender Kamera. Eine Horrorvorstellung für viele Menschen! Hier haben Sie keine lange Vorbereitungszeit – hier heißt es blitzschnell reagieren. Was also tun, wenn Sie nicht zu jenen schlagfertigen, aufgeweckten Menschen gehören, die sofort einen passenden Einstieg, Sinnspruch und vor allem guten Einfall parat haben? Keine Angst, auch Sie können diese Situation auf kreative Art und Weise bewältigen. Das Geheimnis lautet: **Assoziieren** Sie! Die Macht der Assoziationen durchzieht wie ein roter Faden sämtliche Bereiche eines erfolgreichen Gedächtnistrainings – im Kapitel „Kreativität und Gedächtnis" wurde ihr besonderes Augenmerk geschenkt. Jeder von uns hat ein ungeheuer reiches Inneres Archiv, in dem alle unsere Erlebnisse, Erfahrungen und Lebensweisheiten beheimatet sind – zapfen Sie es auch und gerade in solchen Situationen an!

Nehmen wir an, der Festredner bei einer Jubilarfeier sei ausgefallen und Sie müssten kurzfristig einspringen. Im Idealfall fällt Ihnen nun eine Geschichte ein, in der Sie den Jubilar bewundert haben oder wo Sie ihn als Vorbild nehmen konnten. Erzählen Sie sie einfach, und knüpfen Sie zum Schluss Ihre Glückwünsche an – und Sie haben (das Herz der ZuhörerInnen und des Jubilars) gewonnen.

Was aber, wenn es eine solche Geschichte nicht gibt? Oder sie Ihnen in diesem Moment einfach nicht einfällt? Dann helfen Sie Ihrer Phantasie und Kreativität nach und – assoziieren Sie! Am einfachsten ist es, wenn Sie

R REDEN KÖNNEN

als Ausgangspunkt Ihrer Assoziationen den Vornamen des Jubilars nehmen – hier fällt Ihnen garantiert (auch unter Stress!) genug zu den einzelnen Buchstaben ein. Nehmen wir an, unser Jubilar heißt Hans. Was fällt Ihnen spontan dazu ein? (Ich möchte Sie zum Weiterspinnen anregen und formuliere daher die Assoziationen absichtlich nicht zu Ende.)

„**HANS**" – darin verbirgt sich ein

H wie HERZLICH zu Freunden und Kollegen, aber auch die nötige HÄRTE, wenn's „hart auf hart" geht ...

A wie AKTIVER Zuhörer, ANDERS als so viele Menschen, die nur ihre eigenen Geschichten hören und erzählen wollen ...

N wie NEUEM gegenüber aufgeschlossen, tolerant ...

S wie SELBSTBEWUSST, aber nie selbstsicher und überheblich, sondern mit der nötigen Portion SELBSTKRITIK ausgestattet ...

Auch eine **Abwandlung der Loci-Methode** wäre denkbar: Sie lassen sich von einem Gegenstand, z. B. einem gefüllten Rotweinglas vor Ihnen, inspirieren und verknüpfen die Eigenschaften des Weins mit jenen des Jubilars. („Lieber Hans, du bist wie der Wein hier in diesem Glas – schillernd, facettenreich, mit viel Charakter, manchmal etwas ... im Abgang." Oder Sie nehmen den Tisch als Assoziationsauslöser und erinnern Jubilar und Publikum an gemeinsam gefeierte fröhliche Feste, aber auch beinharte Verhandlungen, und assoziieren auch hier einige Eigenschaften (falls passend) mit dem Jubilar („hat natürlich auch Kanten und Ecken, hält viel aus, wackelt nicht, sondern steht fest mit den Beinen am Boden ...").

Haben Sie Lust, gleich hier ins kalte Wasser zu springen und selbst zu üben? Dann machen Sie mit und wenn Sie aus dieser Übung einen doppelten Nutzen ziehen wollen, richten Sie vorher noch ein Kassettengerät mit Aufnahmefunktion oder Diktiergerät her. Wir verbinden diese Übung nämlich gleich mit einer äußerst wirkungsvollen Trainingsaufgabe, dem so genannten Sprech-Denken[45]. Dies ist eine beliebte Übung in vielen Rhetorik-Seminaren: Sie bekommen ein zufällig gewähltes Stichwort und müssen dazu spontan eine bestimmte Zeit lang sprechen. Sie haben keine Vorlaufzeit, in der Sie sich alles gut überlegen können – Sie müssen denken und sprechen zugleich. Dies ist – zumindest bei den ersten Versuchen

REDEN KÖNNEN

– nicht immer leicht, denn ein bis zwei Minuten können sehr lang werden, wenn man eigentlich (noch) keinen Plan hat, worüber man sprechen möchte. Deshalb bezeichne ich diese Aufgabe lieber als „Denk-Sprech-Denk-Übung" oder „Denk-Sprech-Denken", denn sie macht erst dann wirklich Sinn, wenn vor dem eigentlichen Sprechen eine – und sei sie noch so kurze – Denkphase steht, in der Ihnen ein Gedankenblitz sagt, wie Sie das gewählte Thema angehen könnten.

Sie sind natürlich um die entscheidende Nasenlänge voraus, wenn Sie im freien Assoziieren, im Denken in – auch ungewöhnlichen – Bildern geübt sind! Hier wie dort müssen Sie Ideen heranziehen, Bilder miteinander verknüpfen, ungewöhnliche Bezüge herstellen, die Ihre Kreativität und Phantasie fordern (und fördern).

Haben Sie im Kapitel „Kreativität und Gedächtnis" mitgemacht und bereits einige **Wissens-Abcs** erstellt? Dann könne Sie diese Erfahrung gleich hier anwenden, falls nötig. Alles was Sie jetzt für unsere **Denk-Sprech-Denk-Übung** brauchen, ist

- eine Stoppuhr und ca. zwei bis drei Minuten Zeit (eine Minute zum Sprechen, eine zum Anhören, falls Sie Ihre Stimme aufnehmen)

- einen Raum, in dem Sie ungestört laut sprechen können

- und, wenn Sie es gleich wie ein Profi angehen möchten, einen Kassettenrekorder oder ein Diktiergerät zum Aufnehmen. Damit setzen Sie sich den realistischeren Stressrahmen des mitlaufenden Bandes und bekommen zusätzlich noch eine Rückmeldung (darüber später mehr).

Stellen Sie sich folgendes Szenario vor (dies ist eine Abwandlung der „Opinion-Leader-Übung" aus dem Buch „Die Macht der Stimme" der bekannten österreichischen Stimmtrainerin Ingrid Amon[46] – äußerst empfehlenswert, wenn Sie an der Entwicklung Ihrer Stimme und damit Persönlichkeit interessiert sind): Sie gehören zu den hundert wichtigsten Menschen in Ihrem Land; Sie sind ein so genannter Meinungsbildner. Wenn Sie das Buch jetzt auf den Kopf stellen, bekommen Sie eine Frage gestellt, und Sie haben genau eine Minute Zeit (Stoppuhr!), darauf zu antworten. Ein kleiner Hinweis vorweg: Es geht um Ihre Meinung, Einstellung zu einem ganz bestimmten Begriff. Wenn Sie diese quasi „auf

R REDEN KÖNNEN

Knopfdruck" parat haben – gut so! Wenn Sie jedoch „Inspirationshilfe" brauchen oder die Zeit noch nicht aus ist – greifen Sie zur „Abc-Technik" und assoziieren Sie spontan zu den einzelnen Buchstaben des Wortes. Und jetzt – Buch umdrehen, Angabe lesen, Rekorder, falls vorhanden, aber zumindest Stoppuhr, Gehirn und Mundwerk **zugleich** in Betrieb setzen!

Was bedeutet für Sie ERFOLG?

Nun, wie ist es Ihnen dabei gegangen? Vor allem, wenn Sie wirklich mit Diktiergerät gearbeitet haben, ist der Lerneffekt enorm. Zugegeben, es ist am Anfang ungewohnt und bedarf einiger Überwindung – doch nur, wenn wir uns beim Sprechen selbst zuhören, sind wir in der Lage, an unserer Stimme, unserer Sprechweise zu arbeiten und beides zu verbessern und weiterzuentwickeln. Und es tut sich einiges, wenn Sie diese Übung öfter machen!

Egal, wie Sie nun an Ihre (nächste) Rede herangehen – ein entscheidender Aspekt darf in Ihrer Vorbereitungsphase auf keinen Fall fehlen: „Positive Zielvisualisierung". Drehen Sie (in Ihrer Vorstellung) einen kleinen Film, bei dem Sie Autor, Regisseur und Hauptdarsteller in einer Person sind. In diesem Film sehen Sie sich so, wie Sie sein möchten – ein erfolgreicher Redner, der seine Zuhörerschaft in seinen Bann zieht, überzeugt und begeistert von seiner Sache. Visualisieren Sie möglichst viele Einzelheiten – sehen Sie das Ihnen freundlich gesinnte Publikum vor sich, spüren Sie dessen gespannte Aufmerksamkeit, hören Sie den (wohlverdienten) Applaus am Ende.

Wenn Sie möchten, können Sie auch den Geruchssinn und die enorme Erinnerungskraft, die unserem olfaktorischen (= den Riechnerv betreffenden) Gedächtnis innewohnt, für eine wirkungsvolle Verankerung ausnützen. Verknüpfen Sie Ihren Lieblingsduft in Ihrer Vorbereitung mit diesem Film – geben Sie einen Tropfen auf Ihr Handgelenk, und riechen Sie ab und zu daran, wenn Sie ihn vor Ihrem geistigen Auge, am besten in entspanntem Zustand, ablaufen lassen. Derselbe Duft, am Tag Ihrer Präsentation oder Rede getragen, wird kraftvolle, positive Assoziationen in Ihnen auslösen und Sie durch eine gelungene Vorstellung tragen. (Mehr über die Bedeutung positiven **Zielvisualisierens** erfahren Sie im Kapitel „Zielvisualisierung".)

REDEN KÖNNEN

Und kurz bevor es dann so weit ist, entspannen Sie sich mit einer einfachen Atemübung. Sie wissen: Nervöse Menschen atmen schnell und nur im Brustbereich (was sich sehr nachteilig auf die Stimme auswirkt), entspannte Menschen hingegen ruhig und in den Bauch hinein, so als wollten Sie dort einen Ballon aufblasen (siehe auch Entspannungsübung „Solare Tankstelle" auf Seite 94). Atmen Sie ebenso bewusst und langsam aus; lassen Sie dabei in Ihrer Vorstellung die überschüssige Nervosität in den Boden fließen. Und dann haken Sie Ihr Lampenfieber (das ja ruhig sein darf!) unter wie einen lieben Freund, sagen zu ihm: „Komm, wir zwei packen's"![47], und gehen hinaus auf die Bühne oder zum Rednerpult mit dem Gedanken: „Ich haben diesen Leuten etwas Faszinierendes zu sagen!" Und bevor Sie anfangen zu sprechen, atmen Sie unbedingt aus – fürs Einatmen sorgt schon unser Überlebensreflex!

Sie können aber auch Ihre positive Zielvisualisierung jedes Mal mit folgendem Schlussritual beenden, das Sie dann auch unmittelbar vor Ihrem Auftritt ablaufen lassen:

„Ich atme tief ein, gehe mit aufrechtem Gang zum Rednerpult, nehme Kopf und Schultern zurück, suche mir ein wohlwollendes Gesicht unter den ZuhörerInnen, lächle und entspanne mich. Während ich bewusst ausatme, sage ich mir: **ICH MUSS – ICH KANN – ICH WILL!**"

SEPP, WIR PACKEN ES!

„Ob du glaubst, du schaffst es, oder ob du glaubst, du schaffst es nicht: DU hast immer Recht!"
Henry Ford

„SEPP, wir packen es!"

Wir haben den **SEPP** (**S**elbst**E**rfüllende **P**OSITIVE **P**rophezeiung) schon einige Male in diesem Buch getroffen. „Er" spielt eine wichtige Rolle in unserem Leben – zu wichtig, um ihn kritiklos bestimmten „Motivationsgurus" zu überlassen, die aus seiner Vermarktung in Massenseminaren Profit schlagen. Geben Sie ihm den nötigen Platz, so wie Sie es für sich persönlich für richtig erachten. Die folgende Geschichte (Quelle: unbekannt) soll als Denkanstoß dienen – lassen Sie sie einfach wirken!

Es war einmal eine Gruppe von Fröschen, die einen Wettlauf machen wollten. Ihr Ziel war es, die Spitze eines hohen Turmes zu erreichen. Viele Zuschauer hatten sich bereits versammelt, um diesen Wettlauf zu sehen und sie anzufeuern. Das Rennen konnte beginnen. Ehrlich gesagt: Von den Zuschauern glaubte niemand so recht daran, dass es möglich sei, dass die Frösche diesen hohen Gipfel erreichen konnten. Alles was man hören konnte, waren Aussprüche wie: „Ach, wie anstrengend!!! Die werden sicher NIE ankommen!", oder: „Das können sie gar nicht schaffen, der Turm ist viel zu hoch!" Die Frösche begannen zu resignieren – außer einem, der kraftvoll weiterkletterte. Die Leute riefen weiter: „Das ist viel zu anstrengend!!! Das kann niemand schaffen!" Immer mehr Frösche verließ die Kraft, und sie gaben auf. Aber der eine Frosch kletterte immer noch weiter – ER wollte einfach nicht aufgeben! Am Ende hatten alle aufgehört weiterzuklettern, außer diesem einen Frosch, der mit enormem Kraftaufwand als Einziger den Gipfel des Turmes erreichte! Jetzt wollten die anderen Mitstreiter natürlich wissen, wie er das denn schaffen konnte. Einer von ihnen ging auf ihn zu, um ihn zu fragen, wie er es geschafft hatte, diese enorme Leistung zu bringen und bis ans Ziel zu kommen. Da stellte sich heraus: Der Gewinner war taub ...

TIPPS FÜR DEN ALLTAG

Es ist erstaunlich, was man alles lernen kann, wenn man will. Jede Gewohnheit lässt sich ändern.

Salman Rushdie

Tipps für den Alltag

Vergesslichkeit kann jedem und jeder – in *jedem* Alter – zustoßen, niemand ist davor gefeit. Sobald wir durch Arbeit, Ärger oder Sorgen abgelenkt werden oder unsere Handlungen automatisch verrichten, nimmt der Grad unserer Zerstreutheit und Vergesslichkeit zu. Wir sind beschäftigt oder in Eile, denken schon ans Nächste und achten nicht auf den Augenblick. Und so passiert es nur allzu leicht, dass wir die wichtigen Konferenzunterlagen zu Hause liegen lassen, nur unter großen Problemen wieder zu unserem Auto in der unbekannten Parkgarage zurückfinden oder uns nicht sicher sind, ob wir nun die Haustüre verschlossen haben oder nicht.

Jede große Reise beginnt mit einem ersten Schritt – auf dem Weg zu einem guten Gedächtnis lautet dieser wichtige erste Schritt: **Achtsamkeit.** Er bedeutet: bewusste Wahrnehmung des Hier und Jetzt. Bleiben wir beim Beispiel Parkhaus: Auch wenn Sie in Eile oder ein Gespräch vertieft sind, merken Sie sich die Platznummer (mittels mnemotechnischer Eselsbrücke oder schreiben Sie sie auf den Parkschein), die Lage von Säulen oder Treppenhäusern. Und: Drehen Sie sich beim Verlassen des Parkdecks noch einmal um, denn dies ist der Blick, den Sie bei der Rückkehr vorfinden. Gönnen Sie sich diese kurze Denkpause, in der Sie Ihre Beobachtungsgabe entwickeln, machen Sie sie zu einem „bedingten Reflex". Auch wenn Sie den Herd ausschalten, die Türe abschließen oder Ihren Schlüssel beim Nachhausekommen ablegen – unterbrechen Sie Ihren Handlungsfluss, **machen Sie sich bewusst, was Sie gerade tun.** Keine Angst – diese Sekunden sind gut investierte Zeit, denn Sie verlieren hinterher mehr Zeit mit der Suche oder dem Nachschauen, als ein wenig Achtsamkeit im rechten Moment benötigt hätte! Und glauben Sie mir: Ich selbst hatte (und habe) diese Tipps nötiger, als Sie vielleicht denken mögen. Seit ich sie jedoch beherzige, bin ich viel gelassener und vermisse und verlege nur mehr selten etwas. Und wenn es trotzdem vorkommt, bleibe ich ruhig und vertraue auf mein Unterbewusstsein, das mir das nötige Bild schicken wird.

Sie haben in diesem Buch bereits einiges über die **Macht der Bilder** gehört – nutzen Sie diese Macht, wo immer möglich. Wenn es um kurz-

TIPPS FÜR DEN ALLTAG

fristiges Erinnern geht: Platzieren Sie visuelle Gedächtnisstützen in Ihrem Blickfeld, wo sie unmöglich zu übersehen sind, wo Sie buchstäblich drüberstolpern – also die Tabletten, die Sie eine Zeit lang nehmen müssen, gleich neben dem Wasserhahn und nicht im Medikamentenschrank; einen (unüblichen) Gegenstand, der gerade in Reichweite ist, neben dem Telefon, wenn Sie einen wichtigen Anruf nicht gleich, sondern erst später tätigen können. Wenn er zu einem ganz bestimmten Zeitpunkt erledigt werden muss – Post-it-Zettel mit Uhrzeit auf Küchenuhr kleben!

Scheuen Sie sich auch nicht davor, **wichtige Dinge aufzuschreiben.** Es entlastet Ihr Gedächtnis, wenn Sie sich eine Noch-zu-tun-Liste anlegen und sich dann nicht mehr um das Erinnern, sondern nur mehr um das Erledigen kümmern müssen (das sich dann wohltuend im Abhaken niederschlägt). Wenn Sie hingegen ganz bewusst Ihre grauen Zellen ein wenig trainieren und absichtlich ab und zu auf das Schreiben eines Einkaufszettels verzichten wollen – gute Idee! Nichts spricht dagegen, die Haken-Methode (siehe Seite 47 f.) beim nächsten (Groß-)Einkauf auszuprobieren und die zehn wichtigsten Dinge z. B. an Ihrem Körper aufzuhängen.

So weit zum vorausblickenden Aufschreiben jener Dinge, die noch vor uns liegen. Im Schreiben, und zwar im **rückblickenden, festhaltenden Schreiben,** liegt noch weiteres Potenzial verborgen, das uns in unserer Gedächtnisarbeit zur wertvollen Stütze und Begleitung werden kann. Unser Gedächtnis soll uns ja nicht nur in unserem Beruf und Alltag, in unserem täglichen Miteinander ein verlässlicher Freund sein, sondern uns auch dabei helfen, unseren Wissensschatz festzuhalten und zu vermehren. Und es ist nun einmal eine unumstößliche Tatsache, dass Festhalten auch mit Niederschreiben zu tun hat! Vielleicht gehören Sie ohnehin zu jenen Menschen, die niemals aus einem fertigen Skriptum lernen konnten, sondern nur aus eigenen (= eigenhändig geschriebenen) Aufzeichnungen und Zusammenfassungen. Entdecken Sie die Lust am Schreiben (wieder), indem Sie sich jene Dinge aufschreiben, die Sie sich **merken wollen!**

Vielleicht haben Sie auch, wie ich, die Gewohnheit, einen **Jahreskalender** zu führen, wo Sie sporadisch (oder regelmäßig) Rückschau halten und für Sie wichtige Ereignisse eintragen. Ich verwendete dafür früher immer jene praktischen Werbegeschenke von Banken oder Versiche-

TIPPS FÜR DEN ALLTAG

rungen, die man meist zur Weihnachtszeit erhält. Seit einiger Zeit kaufe ich mir diese Kalender selbst – und ich freue mich zum Beginn eines neuen Jahres auf den kleinen Luxus, mir einen besonders schönen auszusuchen! Der Grund dahinter: In diesen Kalender kommen auch meine „Schätze" hinein, die mir im Laufe eines Jahres zu-fallen. Das können neue Fremdwörter sein, die bei der Lektüre eines Buches, einer Zeitschrift oder auch in einem Wissensquiz auftauchen, neue Vokabeln (im Moment aus dem Englischen, aber in den kommenden Jahren sicher auch aus dem Italienischen und Französischen, die ich wieder aufpolieren möchte) oder Stichworte zu einem Dichter, Maler oder Komponisten, den ich in mein „Haus der Geschichte" einladen möchte (siehe Seite 52). Das gelegentliche Innehalten und Durchblättern dieses Kalenders ist ungemein wohltuend – es bringt einerseits viele Erinnerungen zurück und festigt auch nebenbei jene Dinge im Gedächtnis, die einfach so, aus Spaß und Interesse, hier gelandet sind. So ergibt sich auch genügend Memoriermaterial – das sind jene Dinge, die ich mir merken möchte, die sich aber trotz einiger Wiederholungen hartnäckig dem Erinnern und Einprägen entziehen. Hier ergeben sich dann Einsatzmöglichkeiten und Gelegenheiten für Eselsbrücken und Mnemotechnik, die meine Phantasie und Kreativität fordern und mich immer wieder ob ihrer Wirksamkeit in Erstaunen versetzen.

Habe ich Sie mit meiner Begeisterung jetzt ein klein wenig angesteckt? Gut so – genau das wollte ich erreichen! Wenn Sie dies bisher noch nie so gemacht haben und dabei völliges Neuland betreten – fangen Sie in kleinen Schritten an, setzen Sie sich realistische Ziele (z. B. einmal pro Woche Rückblick halten). Was die Zusatzeintragungen betrifft, hilft der Leitspruch: „Lieber eine als keine!" Versuchen Sie, auf zumindest einen neuen Knoten in Ihrem Wissens-Netz pro Woche zu kommen. Dieses Festhalten ist auch immer ein kurzes Innehalten und kann, wenn es mit einem bestimmten Wochentag verknüpft ist (z. B. Sonntagabend oder Montagmorgen), zu einem Ritual werden, das Ihnen ans Herz wächst und Ihrem Leben zwar „nicht mehr Tage, aber den Tagen mehr Leben" geben kann!

Aufschreiben oder „Nachdenken mit dem Bleistift in der Hand" (z. B. mit Hilfe von **Wissens-Abcs** oder Gedächtnislandkarten namens **Mind Maps**[48]) hilft Ihnen aber auch, vieles klarer zu sehen und vor allem Ihre Gedanken zu ordnen. Und ich hoffe, dass ich jetzt die kreativen Chaoten

133

TIPPS FÜR DEN ALLTAG

unter meiner Leserschaft nicht mit der folgenden Behauptung vor den Kopf stoße: Wenn das Ganze noch dazu auf einem geordneten Schreibtisch passiert, wird sich diese Ordnung auf materieller Ebene auch auf Ihre geistige Verfassung positiv auswirken.

Finden Sie nicht auch, dass im folgenden Zitat von Karen Livingstone sehr viel Wahres enthalten ist? „Ein **aufgeräumter Schreibtisch** bedeutet einen klaren Verstand, einem klaren Verstand wiederum eröffnen sich Visionen und Perspektiven. Wer sich in seinem Papierkram verzettelt hat, hat keine Kraft, etwas Neues zu schaffen. An einem übersichtlichen Schreibtisch zu arbeiten fördert die Produktivität, die Kreativität und die Zufriedenheit mit der Arbeit. Eine exzellente Gewohnheit, die man sich aneignen sollte, besteht darin, seinen Schreibtisch nach beendeter Arbeit immer ordentlich zurückzulassen. Es ist psychologisch weit erquicklicher, an einem aufgeräumten Schreibtisch an die Arbeit zu gehen als zwischen Bergen von Papierkram, die einen deprimieren, noch bevor man angefangen hat."[49]

Wenn Sie sehr viel am Computer arbeiten, darf Sie der Leitspruch **„Geordnete Gedanken in geordneter Umgebung"** natürlich dazu inspirieren, auch die Festplatte regelmäßig aufzuräumen, denn elektronisches Gerümpel ist genauso ein Problem wie die greifbare Variante. Löschen Sie in regelmäßigen Abständen Programme und Dateien, die Sie nicht länger brauchen. Und denken Sie daran: Was für unseren Computer gilt, trifft auch auf unsere geistige Festplatte zu. Vielleicht sind wir der eingangs erwähnten Zerstreutheit und Vergesslichkeit ausgeliefert, weil wir zu viel unnötigen (geistigen) Ballast mit uns herumschleppen? Wenn Sie diesen loswerden möchten, greifen Sie den Rat des bereits erwähnten Managementexperten Fredmund Malik auf und fragen Sie sich: Was möchte ich in Zukunft *nicht mehr* tun – weil es sich überlebt hat, weil ich über die Dinge hinausgewachsen bin, weil ich mich in eine andere Richtung entwickeln will, weil es Wichtigeres zu tun gibt, weil ich älter geworden bin und andere Prioritäten setzen muss usw.?

Veraltetes aufzugeben und Ballast abzuwerfen – und zwar sowohl auf materieller als auch geistiger Ebene – führt zu Revitalisierung und Selbsterneuerung. Sie schaffen damit jenen Platz, den das Neue haben muss, um Erfolg zu haben. Und – wie Gedächtnistraining – ist es eine Aufgabe, die nie ein Ende hat, sondern immer wieder neu angepackt werden kann!

UNGLAUBLICH – ES WIRKT!

*Stets findet Überraschung statt,
da, wo man's nicht erwartet hat.*
Wilhelm Busch (1832–1908)

„Unglaublich – es wirkt!"

Ich werde mich immer an jenes verblüffende Gefühl erinnern, als ich zum ersten Mal eine bestimmte Mnemotechnik an mir selbst ausprobierte. Es war am Tag nach dem Vortrag, von dem ich Ihnen im Vorwort erzählt habe, bei dem ich Blut geleckt hatte. Ich hatte mir bereits eine kleine Garderobe mit zwanzig Haken eingerichtet und bat meinen damals knapp achtjährigen Sohn, mir zwanzig Wörter zu nennen. Er unterbrach sein Spiel und nannte mir irgendwelche Wörter, die ihm gerade in den Sinn kamen. Während er sie in seiner lieben, krakeligen Volksschulschrift mitschrieb, versuchte ich, sie auf meinen nagelneuen Haken zu befestigen. Dann durfte er seine Mama prüfen – und es funktionierte! Ich war begeistert, wie mühelos es mir gelang, sämtliche Begriffe, in welcher Reihenfolge auch immer, wieder abzurufen. Er freute sich ebenfalls darüber, dass es so schnell ging – so konnte er gleich wieder an seiner Lego-Burg weiterbauen.

Heute verwende ich ganz bewusst genau dieses Gedächtnisexperiment zu Beginn eines Seminars oder Workshops, um meine TeilnehmerInnen ebenso zu verblüffen, aber auch zu motivieren, es mir gleichzutun. Zunächst herrschen natürlich Zweifel und Unglaube. Nur zu oft fallen dann Sätze wie „So was schaff ich bei meinem schlechten Gedächtnis NIE!" oder „Na ja, das können SIE vielleicht, aber ich …?". Doch am Ende unserer gemeinsamen Arbeit, die bei so viel Spaß an der Sache eigentlich nicht als solche zu bezeichnen ist und deren Ernte noch weit über das Erlernen dieser Mnemotechnik hinausgeht, hat sich das Blatt meist vollkommen gewendet.

Ich habe mir ein Erinnerungsbuch zugelegt, in dem sich meine TeilnehmerInnen mit ihren Visitenkarten und, wenn Sie möchten, einem kurzen Kommentar eintragen können. Dieses Buch ist mir eine Quelle der Freude und Befriedigung geworden. Neben vielen originellen, kreativen, aber auch sehr persönlichen Rückmeldungen findet sich immer wieder ein Gedanke, unter dem sich alles zusammenfassen lässt: **„Unglaublich – es wirkt!"**

VOKABELLERNEN

Jede neue Sprache ist wie ein offenes Fenster, das einen neuen Ausblick auf die Welt eröffnet und die Lebensauffassung weitet.
Frank Harris, amerik. Schriftsteller (1856–1931)

Vokabellernen

In buchstäblich jeder Frage- und Diskussionsrunde im Anschluss an einen Seminartag oder einen Vortrag zum Thema **Kreatives Gedächtnistraining** taucht unweigerlich die Frage auf: Welche Möglichkeiten gibt es, um sich Vokabeln einer Fremdsprache besser zu merken? Und: Können die vorgestellten Mnemotechniken dabei helfen? Meine Antwort lautet: Ja, sie können eine Hilfe sein – aber mit Einschränkungen!

Lassen Sie mich zunächst auf eine wichtige Einschränkung grundsätzlicher Natur eingehen: Niemand erlernt eine Fremdsprache durch das Einprägen möglichst vieler (isolierter) Vokabeln. Hier gibt es wahrhaft zielführendere Methoden. Für all jene, die sich unabhängig von einem Lehrer in Eigenregie die Grundkenntnisse einer Fremdsprache beibringen möchten, gibt es eine Methode (in Form von Kassetten- oder CD-Kursen), die ich wärmstens empfehlen kann. Ich habe mir damit selbst innerhalb kürzester Zeit vor zwei Jahren ein Basiswissen in Italienisch aufgebaut, von dem ich heute noch zehre (und ich freue mich schon auf eine Fortsetzung, wenn es meine Zeit wieder erlaubt!).

Die Methode wurde von Vera F. Birkenbihl entwickelt, nennt sich **Birkenbihl-Methode** und ruht im Wesentlichen auf dem Prinzip der *Spiegelung der Struktur einer Fremdsprache durch unsere Muttersprache.* Die einzelnen Lektionen der Kurse werden in vier Lernschritten durchlaufen, wobei gleich der erste Schritt diese Methode von allen anderen unterscheidet. Hier wird nämlich der fremdsprachliche Text **de-kodiert,** d. h. durch direkt darunter gestellte wortwörtliche Übersetzung entschlüsselt. Durch aufmerksames Lesen der Lektion erschließt sich so zunächst der Inhalt des Texts, aber man bekommt auch bereits eine erste Ahnung der speziellen Struktur der Fremdsprache. Ein Beispiel:

Ho detto bene il suo nome?

Ich habe gesagt gut den Ihren Namen?

VOKABELLERNEN

Auch beim zweiten Schritt, dem **aktiven Hören,** gibt es einen entscheidenden Unterschied zu anderen Kursprogrammen. Hier wird nämlich zunächst eine Kassette oder CD verwendet, auf der der Text gaaaaanz langsam und deutlich gesprochen wird. Dies gibt einem die Chance, sowohl mitzuhören und mitzulesen (wobei man zwischen dem fremdsprachlichen Text und der darunter stehenden De-Kodierung springen kann) als auch alles Gehörte zu verstehen und zu begreifen. In einem weiteren Lernschritt geht man dann vom aktiven zum **passiven Hören** über und lässt nun jene Kassette möglichst oft im Hintergrund laufen, auf der der Text im normalen Sprechtempo aufgenommen ist. Man *lässt* sozusagen (sein Unterbewusstsein) lernen! Beim vierten Lernschritt können dann gezielte Aktivitäten gesetzt werden, je nach Vorliebe und gewünschtem Schwerpunkt des Lernenden, wie Nach- oder Mitsprechen im Chor, intensives Lesen nur des fremdsprachlichen Textes, Diktierübungen mithilfe der Kassette etc.

Wenn man diese Lernschritte bei allen Lektionen durchläuft, gewinnt man unweigerlich ein Gefühl für die Satzmelodie, die Intonation und vor allem die anders gelagerte Struktur der gewählten Fremdsprache – und man versteht nicht zuletzt jedes Wort, das auf der Kassette gesprochen wird, ohne auch nur ein einziges Vokabel gestrebert zu haben! Allerdings gehe ich nicht so weit wie die Autorin, die Vokabelpauken sogar verbietet. Ich schlage vielmehr eine Mischmethode vor – Eintauchen in die Fremdsprache mithilfe der Birkenbihl-Methode und Weiterschwimmen und Tiefertauchen (auch) mit gezielter Beschäftigung mit Grammatik und Wortschatz. Wobei ohnehin – wie ich dies zumindest bei mir festgestellt habe – eine Neugier und Lust auf genau dieses Hintergrundwissen erwacht, weil davon in den Birkenbihl-Kursen ja bewusst *nicht* die Rede ist. Und welch wirksame Motivationsfaktoren Fragen und Neugier im Lernprozess sein können, haben wir bereits im Kapitel „Fragen helfen beim Lernen" gesehen!

Worin liegt nun der hilfreiche Aspekt gezielter Mnemotechniken beim Vokabellernen? Lassen wir wieder ein Beispiel sprechen. Nehmen wir an, Sie möchten sich das englische Verb *to mottle* einprägen. Die deutsche Bedeutung lautet „sprenkeln, marmorieren"; das Adjektiv *mottled* bedeutet „gesprenkelt, gefleckt, bunt". Wenn Sie sich nun eine riesige, weiße

VOKABELLERNEN

Leinwand vorstellen, auf der tausende kleine, bunt gefärbte Motten sitzen oder herumkrabbeln und die vormals schneeweiße Leinwand zur „bunt gesprenkelten" machen, ist die Bedeutung dieses Verbs sicher dauerhaft in Ihrem Gedächtnis gespeichert!

Noch ein Beispiel aus dem Schulleben: Im ersten Lernjahr Englisch erzählte mir unsere Tochter einmal schmunzelnd, welche **Eselsbrücke** sich eine Freundin zum englischen Wort *wastepaper basket* gebastelt hatte, damit sie sich vor allem dessen Schreibweise besser merken konnte. Sie verknüpfte es einfach mit dem Satz: „*Waßt eh, Papa,*[50] *dort, wo man das zerknüllte Papier hineinwirft!*"

Natürlich ist es einfach nicht möglich, zu jedem Wort in der Fremdsprache ein bildgebendes Schlüsselwort in der Muttersprache zu finden, das einem hilft, die Brücke zu schlagen. Hier kann Mnemotechnik im Sinne von Denken in Bildern keine Wunder wirken, und Gedächtnistrainer, die das Gegenteil behaupten, handeln unseriös. Trotzdem: Wo immer möglich, nützen Sie auch hier **die Macht der Bilder!** Wenn es Ihnen darum geht, Ihrem Kind bei der Vorbereitung auf Vokabeltests zu helfen, die es nach wie vor gibt und bei denen Vokabelwissen wie mathematische Formeln abgeprüft wird: Machen Sie sich gemeinsam auf die Suche nach Eselsbrücken, und ermutigen Sie es, auch selbst welche zu finden.

Entdecken Sie auch, wenn möglich, die hilfreichen Querverbindungen zu anderen Fremdsprachen, und vor allem: Wenden Sie das gerade erst neu gelernte und dadurch noch nicht fest verankerte Wort in einem (lustigen, auch absurden) Satz an, oder noch besser: Verpacken Sie jeweils eine Gruppe von fünf Wörtern in eine (ebensolche) spontane Merkgeschichte, wo sie zum Leben erwachen! Legen Sie sich dabei die Latte nicht zu hoch – Nobelpreis gilt es dabei keinen zu erringen!

Wenn Sie (oder Ihr Kind) zu den kinästhetische Lerntypen gehören, die Dinge *an*greifen wollen, um *be*greifen zu können, versuchen Sie es doch einmal mit **Vokabelkarten.** Mithilfe eines guten Textverarbeitungsprogrammes sind sie rasch am Computer zu erstellen – vorne das deutsche Wort, hinten, am besten in einen Mini-Satz gekleidet, die englische Bedeutung. Auf etwas steiferem Papier ausdrucken – und fertig ist Ihr ganz persönliches Vokabellernspiel! Wenn Sie es zweimal ausdrucken,

VOKABELLERNEN

lässt sich damit auch hervorragend Memory spielen – Sie wissen schon, das Spiel, wo Kinder uns Erwachsenen haushoch überlegen sind!

So kann Vokabellernen sogar Spaß machen, zumal sich diese Karten auch problemlos überall hin mitnehmen lassen. Doch auch wenn so ein spielerischer Charakter dazukommt, darf es nicht, wie eingangs erwähnt, zum Selbstzweck werden und auf dieser Ebene stehen bleiben. Testen Sie Ihren Vokabelschatz immer wieder, indem Sie möglichst oft die zum Lehrwerk gehörigen Kassetten anhören (bzw. ermuntern Sie Ihr Kind, dies zu tun), und freuen Sie sich darüber, wie viel (mehr) Sie verstehen, je öfter Sie dies machen. Ein Tapescript des gesprochenen Texts (beim Kursleiter oder der Lehrerin nachfragen!) ist dabei natürlich eine große Hilfe – und wenn Sie möchten, können Sie besonders knifflige Passagen de-kodieren und sich so Ihr eigenes Lernprogramm maßschneidern!

Nun noch ein Exkurs für alle Frankophilen, aber auch für alle jene, die noch gerne eine Draufgabe zur Geschichten-Methode hätten: Hier nun die auf Seite 45 versprochene vergnügliche Französisch-Merkgeschichte, in der 54 Wörter verpackt sind, die laut Regel eigentlich maskulin sein sollten (da sie im Französischen auf einen Konsonanten enden), tatsächlich aber feminin sind. Kümmern Sie sich beim Lesen jedoch nicht um den grammatikalischen Hintergrund. Lassen Sie sie einfach auf sich wirken; stellen Sie sich alles möglich lebhaft vor. Um Sie nicht unnötig abzulenken, sind die Lernwörter, um die es letztendlich geht, nicht extra hervorgehoben. Ihnen sollen Sie sich erst zuwenden, wenn die Geschichte eingesunken und in Ihnen verankert ist.

Wenn Sie der fremdsprachliche Lerneffekt nicht interessiert, Sie aber die Geschichte trotzdem lesen wollen: nur zu – sie ist ein exzellentes Beispiel dafür, wie viel Phantasie, Kreativität, aber auch Augenzwinkern in solch eine Geschichte Eingang finden können. Lassen Sie sich inspirieren und – machen Sie's nach, mit *Ihrem* Lern- oder Merkstoff für Ihren ganz persönlichen Eigenbedarf!

VOKABELLERNEN

Die Geschichte vom Ende des Rebhuhns

Es war damals, als sich der gesamte Hof in Coblence aufhielt, um beim Trinken und Singen auf das Lösegeld zu sparen, das Lösegeld für wen? Niemand wusste es oder kümmerte es, Friede war, und es blühten die Sitten des Überflusses und der Syphilis. In der Garnison tummelten sich die „Rebhühner", und namentlich war eines darunter, das durch die feine Manier, mit der es das Kochen betrieb, und durch die wunderbare Art und Weise, mit der es dabei den Chanson „Einmal ist keinmal" zu singen wusste, in Koblenz wohlbekannt war. Es hatte wirklich eine feine Stimme und hieß allgemein „Das Rebhuhn". Den Überfluss aber, über den das Rebhuhn offenbar verfügte, verdankte es mehreren üppigen Mitgiften, insbesondere gehörte ihm ein ganzer Wald, und es besaß Schafe, deren Scherwolle über das Meer „bis Tyrus und Jerusalem" verkauft wurde.

Das Ende kam so: Einmal kaufte das Rebhuhn den größten Teil der Nussernte auf, schaffte ihn persönlich dorthin übers Meer und tauschte ihn gegen den größten Teil der dortigen Ernte an Erdnüssen. Erdnüsse wuchsen in einer kleinen Oase unweit Jersualems, und natürlich waren sie in Koblenz noch ganz unbekannt. Die Erdnüsse, die das Rebhuhn dann nach Koblenz verschiffte, gingen aber auf dem Meer verloren. Das Rebhuhn versuchte daraufhin, auf andere Weise reich zu werden. Es mischte Erdnüsse mit Propolis und ein bißchen Kalk und versprach damit Heilung gegen die Elefantiasis.

Es war an Allerheiligen, als das Rebhuhn aus Jerusalem zurückkam und einen Schlüssel schwang, der aussah wie ein Löffel. „Hier habe ich den Schlüssel von Jerusalem! Und hier habe ich noch ein Probestück mitgebracht, wer das mit diesem Löffel isst, dem bleibt der Tod ferne!" Der ganze Hof war versammelt, als das Rebhuhn so sprach, und der ganze Hof erstarrte, denn hinter dem Rebhuhn mit seinem Löffel stand plötzlich der Tod. Der Tod sah aus, als habe er Elefantiasis, man erkannte ihn aber an seiner Sense. Ganz langsam streckte er einen Zahn aus und nahm dem Rebhuhn den Löffel ab. Das Rebhuhn drehte sich um und schrie „Verrat", als aber der Tod ihm seine Hand mit einer langen Schraube an seiner eigenen Hand anschraubte, kam nur noch ein unverständliches Fluchen und Husten. Der Tod zog das Rebhuhn nun in den Wald. Der Hof stand noch

VOKABELLERNEN

still und hörte ein Husten und ein Fluchen aus dem Wald, das immer leiser wurde. Als nichts mehr zu hören war, fiel der Hof in Ohnmacht.

Mitten im Wald stand ein verlassenes Kirchenschiff, das hatten die Rebhühner mit Kalk geweißt, denn dort pflegten sie sich gelegentlich bei Fleisch und Nüssen zu treffen. Meist aber lebten dort die Schafe.

Dorthin führte der Tod das Rebhuhn und sperrte es in ein Gefängnis, das sich hinter einem pechverschmierten Verschlag unter dem Kirchenschiff befand. „Hier erwarte dein Ende." Als das Rebhuhn aus einer tiefen Ohnmacht wieder zu sich kam, hatte es Hunger und Durst und Husten. Es lebte nun von dem Fleisch der Mäuse, die es mit seinen Zähnen erhaschen konnte, denn seine Hand war immer noch festgeschraubt.

Wie dann wieder Allerheiligen kam, versammelte sich dort im Kirchenschiff der Hof von Koblenz, um ein Kreuz aufzustellen und mit Pech zu verschmieren. Ein bisschen Trinken hatte man sich natürlich auch mitgebracht und alle Rebhühner und Fleisch mit Nüssen, denn Allerheiligen erzeugt immer mächtigen Durst und auch Hunger, so wollte man des Rebhuhns gedenken. Das Kirchenschiff hatte man wieder mit frischem Kalk tünchen lassen und die Schafe in den Wald getrieben. Plötzlich hörte man von unten Husten und Fluchen und eine wohl bekannte Stimme, man stieg also hinab und fand hinter einem mit Pech verschmierten Verschlag ein Gefängnis und darinnen das tote Rebhuhn. Man ging wieder hoch, und es war dann sehr still im Kirchenschiff. Plötzlich sagte eines der Rebhühner, indem es eine allen wohl bekannte Stimme imitierte: „Das wird ihm eine Lektion sein!"

Diese Tabelle umfasst 54 Wörter, die laut Regel eigentlich maskulin sein sollten, tatsächlich aber feminin sind: Fin–Ende, Main–Hand, Cuiller–Löffel, Échantillon–Muster, Mer–Meer, Nuit–Nacht, Toux–Husten, Mort–Tod, Chair–Fleisch, Brebis–Schaf, Souris–Maus, Fois–Mal, Forêt–Wald, Perdrix–Rebhuhn, Oasis–Oase, Cour–Hof, Dent–Zahn, Plupart–größte Teil, Dot–Mitgift, Vis–Schraube, Propolis–Bienenharz, Toison–Scherwolle, Rancon–Lösegeld, Lecon–Lektion, Chanson–singen, Façon–Manier, Guérison–Heilung, Pàmoison–Ohnmacht, Boisson–Trinken, Cuisson–Kochen, Foison–Überfluss, Garnison–Garnison, Trahison–Verrat, Cloison–Verschlag, Prison–Gefängnis, Maudisson–fluchen, Moisson–Ernte, Noix–Nuss, Terre-noix–Erdnuss, Poix–Pech, Chaux–Kalk, Nef–Kirchenschiff, Clef–Schlüssel, Jérusalem–Jerusalem, Tyr–Tyrus, Coblentz–Koblenz, Croix–Kreuz, Voix–Stimme, Soif–Durst, Faim–Hunger, Faux–Sense, Paix–Frieden, Moeurs–Sitten, Toussaint–Allerheiligen, Syphilis–Syphilis, Elefantiasis–Elefantiasis

Aus: Voigt, Ulrich (2001), Esels Welt. Mnemotechnik zwischen Simonides und Harry Lorayne. Hamburg: LIKANAS Verlag GmbH, S. 161

WITZE UND HUMOR

Humor ist der Knopf, der verhindert, dass uns der Kragen platzt.
Joachim Ringelnatz (1883–1934)

Witze und Humor

Bis vor einiger Zeit gehörte ich zu jenen Menschen, die zwar gerne herzlich über einen guten Witz lachen, sich jedoch einfach selbst keine merken. Als Gedächtnistrainerin betrachtete ich es aber geradezu als Herausforderung, mir auch dafür eine Technik zuzulegen. Am Ende dieses Kapitels werde ich sie selbstverständlich mit Ihnen teilen!

Doch zunächst – kennen Sie den? *Ein Ehepaar kauft bei IKEA einen Wandschrank, nimmt ihn mit nach Hause und baut ihn in fünf Stunden mühseligster Arbeit zusammen. Am nächsten Morgen, als plötzlich eine Straßenbahn vorbeifährt, macht es krach! – und der Schrank bricht zusammen. Der Mann ist bereits bei der Arbeit; die Frau ruft beim IKEA-Service an, der ihr auch gleich einen Arbeiter schickt. (Übrigens: ein Bild von einem Mann – braun gebrannt, muskulös, kurze Hose, ärmelloses T-Shirt ...) Sie schildert ihm ihr Problem, er baut den Schrank zusammen und wartet auf die nächste Straßenbahn: bimmel, bimmel, krach! – der Schrank bricht wieder zusammen. Er baut ihn wieder auf, sucht nach Schwachstellen und findet im Inneren des Schrankes eine lockere Stelle. „Hmmm, vielleicht klappt es, wenn ich den Schrank von innen abstütze?" Der Mann steigt rein, macht die Tür zu. In diesem Moment kommt der Ehemann nach Hause, findet seine Frau im Schlafzimmer – noch im Morgenmantel, vor dem Wandschrank. Er brüllt: „Wo ist er??? Sicher im Schrank!" Er reißt die Türe auf – und findet den Arbeiter. Daraufhin dieser: „Wetten, Sie glauben mir nicht, dass ich hier auf die nächste Straßenbahn warte???"*

Dieser Witz zeigt besonders gut, worauf die meisten Pointen in gelungenen Witzen beruhen. Wir sind auf einer bestimmten Gedankenschiene (für Sportler: wie auf einer Langlaufspur) unterwegs – genau wie der Ehemann im Witz, der den halb nackten Mann im Kleiderschrank entdeckt. Plötzlich wird unser (meist vorauseilender) Gedankengang diametral durchkreuzt, wir nehmen, bevor wir uns versehen, eine Abzweigung – und befinden uns auf einer völlig anderen Schiene (WARTEN auf die Straßenbahn statt ERWARTung eines heißen Liebesabenteuers). Ein Witz verbindet, was nor-

WITZE UND HUMOR

malerweise nicht verbunden ist – und dies bringt uns zum Lachen. Wir haben dieses Phänomen auch im Kapitel „Kreativität und Gedächtnis" (siehe Seite 99) kennen gelernt – erinnern Sie sich? Ich habe Ihnen anhand eines Beispiels gezeigt, wie man durch Verbinden zweier voneinander völlig unabhängiger Abc-Listen neue Blickwinkel entdecken und somit seine Kreativität und Erfindungsgabe steigern kann. Dieses Phänomen der Bisoziation zeigt deutlich, dass zwischen Humor und Kreativität eine Verbindung besteht. So bedeutet das lautverwandte englische Wort „wit" nicht nur Intelligenz, sondern auch Witz, witziger Einfall oder geistreicher Mensch. („He's a real wit.")

Wenn wir unsere Humorfähigkeit trainieren, trainieren wir also auch unsere Kreativität und Intelligenz. Mit der Rolle von Humor in unserem Leben befasst sich mittlerweile eine eigene Wissenschaft: die Gelotologie (von griech. gelos, Genetiv gelotos, das Lachen)[51]. Aber auch ohne diese wissenschaftliche Untersuchung fühlen wir intuitiv, wie wohltuend, hilfreich, ja entschärfend Humor in so vielen Bereichen unseres Lebens sein kann! Wir könnten – ohne negative Nebenwirkungen befürchten zu müssen – aus einem bekannten englischen Sprichwort den Apfel hinauswerfen und stattdessen die Behauptung und zugleich Aufforderung aufstellen: „A joke a day keeps the doctor away!"

Wie wäre es mit dem nächsten Witz als Ihr heutiger „Joke of the Day"?

„Na, zufrieden?", fragt der Arzt nach der Schönheitsoperation. „Nicht ganz", antwortet die Patientin. „Ich hätte noch gerne größere Augen." „Kein Problem", sagt der Arzt und wendet sich an seine Assistentin. „Geben Sie der Dame bitte die Rechnung!"

Trotz aller positiven Assoziationen, die mit dem Wort Humor verbunden sind, erlaube ich mir hier eine Anmerkung: Seien Sie sich auch der manipulierenden Wirkung positiver Gefühle bewusst. Es gibt in der Verkaufspsychologie den Satz: „Wer lacht, der kauft." Setzen Sie sich bewusst diese Brille, diesen Filter auf, wenn Sie z. B. in einem Seminar oder einem Vortrag sitzen (besonders, wenn Ihnen im Anschluss vielleicht auch etwas verkauft werden soll). Ein Rhetoriktrainer erzählt sogar freimütig in seinem Buch, dass er Kontakt zu einem Humorregisseur(!) aufgenommen hat, der die Bühnenperformance von Kabarettisten bezüglich Gags optimiert.

WITZE UND HUMOR

„Dieser Mann", so schreibt er, „wird sich in mein Seminar setzen und mir danach Möglichkeiten aufzeigen, an welcher Stelle im Seminar ich noch eine witzige Bemerkung einfließen lassen könnte. Jedes Mal, wenn ich meine Seminarteilnehmer zum Lachen bringe, finden die am Schluss mein Seminar noch ein bisschen besser." Dazu nur so viel: spontaner, ehrlicher Humor – ja. Gezielt bis manipulativ eingesetzter Humor – erlauben wir uns zumindest ein nachdenkliches *Na ja*.

Um wieder auf die humorvolle Seite zurückzukehren, hier Witz Nummer drei: *Zwei Schokoladen liegen miteinander im Regal. Ein unachtsamer Kunde stößt an, die beiden Schokoladen fallen auf den Boden. Jammert die eine: „Aua, ich habe mir eine Rippe gebrochen!" Darauf die zweite: „Jammere nicht, mir geht's noch viel schlechter. Ich bin auf meine Nüsse gefallen!"*

So, und nun zur versprochenen **Witze-Merk-Technik.** Sie lautet ganz einfach: Hängen Sie Ihre Lieblingswitze an bestimmtem Haken auf! Mittlerweile verfügen Sie vielleicht bereits über genügend Wissen, um zu ahnen, wie das funktioniert.

Probieren wir es gleich miteinander mit den drei bisher erwähnten Witzen aus. Als Haken-System nehmen wir die Zahlen als (Bilder-)Haken – also für Haken Nummer eins eine Kerze, für zwei ein Ei, für drei einen Dreizack (zusätzliche Haken bei Erweiterung Ihrer Witzesammlung siehe Seite 36). Auf diesen Haken müssen wir nun einfach unsere Witze befestigen. Das könnte folgendermaßen vor sich gehen: Als Abruf-Schlüsselwort für unseren ersten Witz nehmen wir Kleiderschrank (sehen Sie ihn noch vor sich – eher wackelig, nicht sehr standfest, vor allem, als sich die Straßenbahn nähert ...?). In diesen Kleiderschrank stellen wir nun unseren Haken Nummer eins – also eine Kerze. Bitte deutlich verknüpfen – vielleicht verbrennt sich unser hübscher IKEA-Jüngling ja ein wenig seine vier Buchstaben daran.

Weiter zu Witz Nummer zwei: Titel „Schönheitsoperation – größere Augen". Die Patientin könnte noch – vielleicht von der Behandlung mit einer speziellen Schönheitsmaske – ein paar Eikleckse auf ihrem Gesicht haben (oder Sie stellen sich ihre Augen groß wie zwei Eier vor, nachdem sie die Rechnung gesehen hat).

WITZE UND HUMOR

Bei Witz Nummer drei könnten wir versuchen, die beiden armen Schokoladen am Boden mit einem Dreizack wieder aufzuheben. (Vorsicht auf die gebrochene Rippe – und kommen Sie nicht bei den Nüssen an!)

Jetzt können Sie gerne selbst weitermachen – mit welchem Haken-System auch immer! Und denken Sie daran – *Lernen* geschieht auch sehr effektiv durch *Lehren*! Erzählen Sie Ihre nun viel besser gespeicherten, da aufgehängten Witze weiter, bringen Sie mehr Lachen und Lächeln in Ihr Leben und das Ihrer Mitmenschen. Sie werden dadurch empfänglicher für den Humor, der sich manchmal auch in unserem Alltag verbirgt und nur darauf wartet, entdeckt zu werden.

Hier noch ein wenig Material für weitere fünf Haken ...

Ober zum Gast: „Essen Sie gerne Wild, mein Herr?" Gast zum Ober: „Nein, lieber ruhig und langsam."

Lehrer zum kleinen Max: „Welche vier Wörter verwenden die Schüler laut Statistik am häufigsten?"
„Das weiß ich nicht."
„Stimmt genau!"

Ein kleines Mäuschen wird von einer Katze verfolgt. In letzter Not rettet es sich auf eine große Wiese, wo Kühe friedlich grasen. Es stürzt zur nächsten hin und bittet atemlos: „Lass schnell etwas auf mich fallen!" Die Kuh lässt sich nicht lange bitten und lässt einen Fladen auf unser verzweifeltes Mäuschen fallen. Leider ist dieser nicht groß genug – das kleine Schwänzchen ragt noch heraus. Die Katze erspäht es natürlich, und unser Mäuschen hat leider den Kampf gegen ihren Feind verloren.

Moral 1: Nicht jeder, der auf dich sch...t, ist dein Feind.
Moral 2: Nicht jeder, der dich aus der Sch.... zieht, ist dein Freund.
Moral 3: Und wenn du schon in der Sch.... steckst, dann zieh wenigstens deinen Schwanz ein!

Ein Theologe, ein Physiker und ein Mathematiker beobachten, wie drei Leute in einen leeren Fahrstuhl steigen. Auf der nächsten Etage steigen fünf wieder aus. Die Reaktionen: Theologe: „Ein Wunder, ein Wunder!" Physiker: „Das muss ein Messfehler sein!?" Mathematiker: „Wenn jetzt noch zwei reingehen, dann ist keiner mehr drin."

WÖRTER MERKEN

Investition in Wissen bringt die höchsten Zinsen.
Benjamin Franklin (1706–1790)

Wörter merken

Mein Lieblings-Einstiegsexperiment zu Beginn eines Gedächtnisworkshops – Sie haben es bereits im Kapitel „Haken-Methode" kennen gelernt: Die Teilnehmer geben mir dreißig Wörter (so schnell, wie ein Freiwilliger sie auf der Flipchart mitschreiben kann), ich merke sie mir und sage ihnen anschließend, was das Wort Nr. 23, 17, 9 etc. war. Wenn Sie in jenem Kapitel mitgemacht und Ihre Haken schon fest und dauerhaft in Ihre Gedächtnisgarderobe eingemauert haben, sind Sie vielleicht selbst schon in der Lage, Nichteingeweihte mit Ihrem Gedächtnis zu verblüffen. Doch – wie gehen Sie vor, wenn Ihnen *abstrakte* Wörter genannt werden wie Transaktionsanalyse, Rotüre oder Semantik? Welche Methode, welche Hilfsmittel gibt es generell, um sich Fremdwörter, Vokabeln etc. leichter und trotzdem dauerhaft zu merken?

Die Antwort klingt einfach, und sie ist es auch – und wenn Sie sich dafür entschieden haben, dieses Buch der Reihe nach von A bis Z durchzulesen, wird Sie Ihnen aus anderen Kapiteln bereits vertraut sein: **Machen Sie sich ein BILD dazu!**

Bleiben wir zunächst noch beim oben erwähnten **Haken-Experiment:** Nehmen wir an, jemand möchte Sie besonders herausfordern und hat Ihnen als fünftes Wort „Transaktionsanalyse" genannt. Nehmen wir des Weiteren auch an, das Wort selbst sagt Ihnen nichts; Sie können es also nicht von seiner Bedeutung her ableiten und mit Ihrem Haken Nummer fünf (Hand) verknüpfen.[52] Sie möchten es aber trotzdem so ablegen, dass Sie es wieder abrufen können, um bei diesem Experiment auch bei solch schwierigen Wörtern erfolgreich zu sein (und, glauben Sie mir: Es geht!). Delegieren Sie diese Arbeit einfach wieder an Ihre rechte, in Bildern denkende Gehirnhälfte, und finden Sie für sich selbst ein Bild, das bei Ihnen die Assoziation Transaktion auslöst, und ein weiteres, das sinnBILDlich für Analyse steht, und verknüpfen Sie die beiden mit Ihrem Haken (in unserem Beispiel mit der Hand für Haken Nummer fünf). Meine Einladung: Probieren Sie es gleich selbst aus, bevor Sie weiterlesen und meinen Vorschlag finden – Ihre Bilder sind (für Sie) die besten! Der Grund, warum

WÖRTER MERKEN
....

ich überhaupt ein Beispiel angebe: Ich weiß, dass diese Art, unser Gedächtnis zu verwenden, für die meisten von uns (noch) sehr ungewohnt und daher Starthilfe vonnöten ist. Wenn Sie sich jedoch dazu entschließen, es auch einmal auf diese Art und Weise zu probieren, werden Sie von der Wirksamkeit überrascht sein und vor allem eines feststellen: Je öfter Sie diese Gedächtnisstrategien einsetzen, umso leichter fällt es Ihnen, diese Bilder zu erzeugen (auch und gerade wenn Sie von sich behaupten, kein kreativer Mensch zu sein). Also: Was ist Ihr Bild, Symbol für Transaktion bzw. Analyse, und wie verknüpfen Sie die Bilder dafür mit der Hand vom Haken Nummer fünf?

_____

_____

Hier mein Vorschlag: Bei *Transaktion* fällt mir spontan das Bild eines kräftigen Händedrucks *nach gelungener Transaktion* ein – hier wäre auch schon der Brückenschlag zu unserem Hakenbild Nummer fünf gegeben. Und damit Sie diese Transaktion auch gründlich untersuchen und analysieren können, geben Sie den beiden Händeschüttlern doch einfach eine (übergroße) Lupe in die andere Hand, mit der sie sich über ihre gedrückten Hände beugen, um diese zu *analysieren*. Und damit Sie später auch wirklich „TRANSaktion" und nicht etwa „Geschäftsabschluss" oder Ähnliches rekonstruieren, könnte ja zwischen den beiden Handflächen etwas TRANSpiration stattfinden. Ich garantiere Ihnen: Wenn Sie dann beim Abrufen zum Haken Nummer fünf kommen, wird sich unweigerlich dieses Bild der leicht TRANSpirierenden Hände einstellen, die noch dazu mittels einer Lupe argwöhnisch beäugt, sprich: analysiert werden ...

Auf diese Art und Weise können also auch abstrakte Begriffe erinnert, memoriert werden – wenn es nur darum geht, sie wiederzugeben, ohne auf ihre Bedeutung einzugehen, wie dies im eingangs erwähnten Experiment der Fall ist.[53]

Mit dieser Methode des **Verschlüsselns in Bildern** („Schlüsselwort-Methode") haben Sie aber auch ein Werkzeug, einen Schlüssel in der Hand, der es ermöglicht, sich in kürzester Zeit (Fremd-)Wörter und ihre

WÖRTER MERKEN

Bedeutung so zu merken, dass sie dauerhaft in Ihrem Gedächtnis gespeichert sind. Dieses Verschlüsseln kann auch mithilfe eines lautähnlichen Wortes durchgeführt werden, das Ihnen als bildgebender Auslöser dient. Ein Beispiel: *Wissen Sie, was ein Rotüre ist?* Machen wir's wie bei der „Millionenshow" – ich gebe Ihnen vier Möglichkeiten, und Sie entscheiden sich für

A) einen Begriff aus der Kochkunst
B) einen Begriff aus dem Adelswesen
C) einen Begriff aus dem Tanzsport
D) eine Hunderasse

Lösung: Bei der Rotüre handelt es sich um die nichtadeligen Stände. Hier nun eine bildliche Hilfestellung mit einem lautverwandten Wort. Ein vom König nicht Geadelter **ROTIERT** vor Wut; sein Kopf ist vor Zorn ganz **ROT** angelaufen ... Jetzt ist es eindeutig, wofür Sie sich entscheiden – und wenn Sie diese Optionen in einem Jahr wieder vorgelegt bekämen, wüssten Sie es garantiert auch noch!

Noch ein weiteres Beispiel: *Stammt der Begriff Semantik*

A) aus der Biologie?
B) aus der Geologie?
C) aus der Sprachwissenschaft?
D) aus der Physik?

Hier wieder unser „Schlüsselbild" zum erfolgreichen Memorieren: Stellen Sie sich einen **Seemann** vor, der in seinem Boot über den wunderschönen **Wörthersee** in Kärnten rudert. Plötzlich bemerkt er, dass dieser See wahrhaftig ein „Wörter-See" ist – es schwimmen lauter Wörter, Sätze und Texte auf diesem See daher. Und er kratzt sich nachdenklich an der Stirn und fragt sich, zurecht vollkommen verwundert: Was soll das **bedeuten???**[54]

In ihrem hochinteressanten Buch „In Bildern reden" erwähnen Ditko & Engelen[55] ein Experiment, welches das Potenzial dieser Schlüsselwort-Methode deutlich illustriert: Einen Tag, nachdem Versuchspersonen mithilfe dieser Methode 120 Begriffe erlernten, erinnerten sie sich noch an 72 Prozent davon, während die Vergleichsgruppe nur auf 46 Prozent kam. Auch die Langzeitwirkung überzeugte: Bei einem unangekündigten Test

WÖRTER MERKEN

etwa 43 Tage später erinnerte sich die erste Gruppe noch an 43 Prozent der Begriffe, die Gruppe ohne diese Technik brachte es jedoch nur noch auf 28 Prozent. Andere Untersuchungen erbrachten sogar noch höhere Werte.[56]

Ich möchte hier aber nicht missverstanden werden: Mit dem bisher Aufgezeigten soll keine Lanze gebrochen werden für simplifizierendes, oberflächliches Aneignen von (Fremdwörter-)Wissen – ganz im Gegenteil: Nach wie vor ist das Herleiten von Fremdwörtern von ihren etymologischen (= sprachgeschichtlichen) Wurzeln der solidere Weg, um sich ihre Bedeutung zu erschließen und für seinen eigenen aktiven oder passiven Sprachgebrauch nutzbar zu machen. Apropos: Wissen Sie noch, woher sich der Name Miniaturmalerei für die mittelalterlichen Handschriften herleitet bzw. welche Bedeutung dahintersteckt? Falls Sie nachschauen möchten: Die Lösung finden Sie im Kapitel „Anfangsbuchstaben-Methode".

Doch nicht bei jedem Wort ist eine etymologische Hilfsbrücke möglich. Nehmen wir zum Beispiel das Fremdwort *Impresario*:[57] Da gehe ich doch lieber vom bildgebenden Schlüsselwort Impression = Eindruck aus und stelle mir vor, wie der Agent zum Künstler mit ehrfurchterfüllter Stimme sagt: „Ich bin tief *beeindruckt* von Ihren Werken, darf ich Ihr *Impresario* sein?"

Außerdem: Wie viele Menschen verfügen heute noch über die nötigen Latein- und Altgriechisch-Kenntnisse, die für diese – zweifellos spannende, bereichernde und hochinteressante – etymologische Detektivarbeit nötig sind? Es bleibt zu fürchten, dass diese Zahl in Zukunft noch zurückgehen wird, wie die immer wieder aufflackernde Nützlichkeitsdiskussion um den Sinn humanistischer Bildung zeigt.[58]

Wenn Sie sich jedoch auf dieses – zugegebenermaßen im ersten Moment ungewohnte, vielleicht sogar infantil wirkende – bildliche Denken einlassen und merken, wie (und dass!) es wirkt, bleibt viel Energie frei, die für das tatsächliche Eintauchen in das mit dem Fremdwort verknüpfte Wissensgebiet genützt werden kann. Neue, unbekannte Wörter und Begriffe, die bei der Lektüre von (guten!) Tageszeitungen, Magazinen oder Büchern auftauchen oder uns im Fernsehen in einer Dokumentation oder auch einem Wissensquiz begegnen, sind ab nun keine Quelle der

WÖRTER MERKEN

Entmutigung („Schon wieder etwas, was ich nicht weiß"), sondern eine Quelle der Herausforderung („Super – wieder etwas, was ich in mein **Wissens-Netz** einknüpfen kann!").

Als Abschluss gleich einige Beispiele, die erstens zeigen sollen, wie man mehr Farbe in den grauen Schüleralltag bringen kann, und die zweitens Lust auf mehr (selbst kreierte Beispiele*) machen sollen.

Samum: heißer Sandsturm Vorderasiens. Schlüsselbild bzw. hier Schlüsselsatz: „Das ist so ein heißer **Sandsturm** – der haut doch den stärksten **Sam um!**"

Takla Makan: Circa 300 000 km² große Sandwüste im Nordwesten Chinas. Schlüsselsatz (diesmal im Dialekt): **Da Klamma kan**[59] **n** do nit Schi foan."

olfaktorisch: hatten wir bereits. (Wissen Sie noch, wo?) Es bedeutet: „den „Riechnerv betreffend"; unser olfaktorisches Gedächtnis ist also unser Gedächtnis für Gerüche. Bei einer Duftlampe ist sicher das (Duft)**O**e**l** der entscheidende **Faktor!**

Gelotologie: (Wissen Sie es noch?) die Lehre vom Lachen. Der Gelotologe sagt zum traurig, missmutig dasitzenden Patienten: „**Ge**h, **lo**ch **do**ch ein bissl – dann geht's dir – **logi**sch! – gleich besser!"

* Ich freue mich über die Zusendung weiterer Beispiele auf www.LMS-Training.at

WIEDERHOLEN

Wissen nennen wir den kleinen Teil der Unwissenheit, den wir geordnet haben.
Ambrose Bierce (1842–1914)

Wiederholen
aber richtig!

Kennen Sie jemanden, der sich zweimal in die Brennnesseln setzt oder eine heiße Herdplatte angreift? Wohl kaum – denn „Erfahrung nennt man die Summe der Fehler, die wir glücklicherweise gemacht haben". Beim **Lernen durch Erfahrung** genügt ein einziges Mal, um uns etwas dauerhaft zu merken.

Welche anderen Arten des Lernens stehen uns noch zur Verfügung? Tauchen wir wieder in eine Metapher ein. Wir alle sind Fischer und rudern mit unserem Boot auf einem Meer des Wissens, aus dem wir unseren Wissensschatz beziehen. Die Dinge, die wir uns „einladen" (durchaus auch im doppelten Wortsinn zu verstehen: Die wir einladen, bei uns zu bleiben), sind mit einer unterschiedlich langen Verweildauer versehen. All jenes, das uns schlichtweg fasziniert und begeistert, landet in der Faszinationsecke und bleibt dort auch zu unserer Verfügung. Alles Wissen, das wir uns spielerisch erarbeiten, ebenfalls. Genauso wie das durch Erfahrung Gelernte zeigt es keine Tendenz, sich wieder davonzumachen, und wir müssen uns auch nicht extra bemühen, es bei uns zu behalten.

Von fast ebenso langer Verweildauer ist jenes Wissen, das wir uns mit Fragen geangelt haben. Diese Fragen sind natürlich von Mensch zu Mensch völlig unterschiedlich und vom jeweiligen Interesse abhängig. Egal, aus welchem Wissensgebiet sie stammen – sie sind machtvolle Angelhaken, und nicht umsonst erinnert ein umgedrehtes Fragezeichen frappant an einen solchen. Stellen Sie doch einfach ein Fragezeichen auf den Kopf, und Sie sehen diesen Gedanken auch bildlich ausgedrückt.

Was uns jedoch große Probleme bereitet, ist jenes (meist Fakten-)Wissen, das uns eingeladen *wird* – zunächst in der Schule, dann am Arbeitsplatz, aber auch im Privatleben. Es ist all jenes, das mit dem Etikett versehen ist: „Das *sollte* ich mir eigentlich merken." Diese Dinge landen in unserem

WIEDERHOLEN

Wissensboot auf einem Platz, der eine merkwürdige Eigenschaft hat: Er wird – oft schon nach relativ kurzer Zeit – durchlässig, und unser Wissen verabschiedet sich heimlich, still und leise in Richtung Meeresgrund – Wenn, ja, wenn wir es nicht *wieder* (heraus)*holen!* Dieses *Wieder-Holen* ist natürlich leicht, wenn noch nicht allzu viel Zeit vergangen ist und unser Schatz noch nicht sehr weit gesunken ist. Ein kleiner Griff genügt, und schon ist unser Wissen wieder im Inneren unseres Bootes. Und das Erfreuliche daran: Je öfter ich mein Wissen wiederhole – durchaus auch in immer länger werdenden Zeitabständen –, desto langsamer sinkt es in Zukunft, und schon nach einigen Wiederholungen bleibt es schließlich „für immer" im Boot (sprich: in unserem Langzeitgedächtnis).

Dem **richtigen(!) Wiederholen** von Wissen kommt also entscheidende Bedeutung zu, wenn wir uns Dinge dauerhaft einprägen wollen und sie nicht von vorneherein der Faszinations- oder Spielecke zugeordnet werden können. Denn – einen „Nürnberger Trichter", durch den alles (Schul-, Fakten-, Allgemein-)Wissen mühelos in uns einfließen kann, gibt es nicht. Wir können uns aber das Einprägen von Lern- und Merkstoff erleichtern, wenn wir

1. beim Erarbeiten und Erobern des Stoffgebietes oder ganz allgemein des zu Merkenden **so gehirn-gerecht wie möglich** vorgehen und unser bildliches Denken, unsere Assoziations- und Vorstellungskraft wo immer möglich ausnützen und

2. **Lernen mit allen Sinnen** betreiben

3. das Gelernte auch **gezielt wiederholen.**

Aus der Lernpsychologie wissen wir, dass jede Wiederholung etwa zu der Zeit erfolgen muss, wenn die Erinnerung abzufallen beginnt. Nach einer einstündigen Lernperiode ist dies nach etwa zehn Minuten der Fall. Hier sollte auch die erste Wiederholung ansetzen. Für die weiteren hat sich die Faustregel „nach einem Tag / einer Woche / einem Monat / nach sechs Monaten" bewährt. Nach dieser Zeit ist das Wissen im Langzeitgedächtnis verankert und braucht nur noch gelegentlich einen Anstoß, um erhalten zu bleiben (siehe Abbildung auf der nächsten Seite).[60]

WIEDERHOLEN

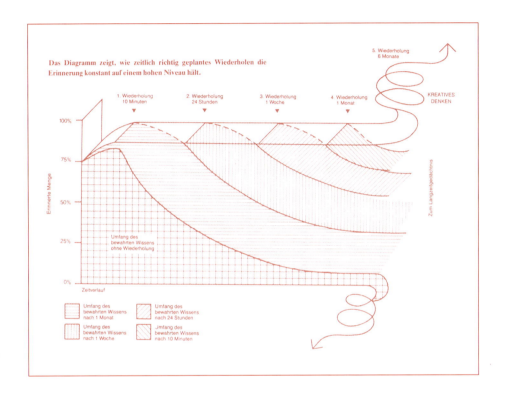

Gedächtnis ist ein Prozess, der auf Verknüpfung und Assoziationen basiert. **Planmäßiges Wiederholen** ist dabei eine hilfreiche Spirale, die sich nach oben dreht. Jedes neue Stück Information, das Sie sich bewahren, steht Ihnen für die Bildung neuer Gedächtnisverbindungen zur Verfügung. Und wenn Sie Ihre Schätze, wie in unserer Metapher erwähnt, nicht zu tief sinken lassen, bevor Sie sie wieder holen, hält sich die Mühe in Grenzen, und das Ergebnis ist den Aufwand (mehr als) wert!

EXTREME GEDÄCHTNISLEISTUNGEN

Bewunderung = die Tochter der Unkenntnis.
Benjamin Franklin (1706–1790)

EXtreme Gedächtnisleistungen

Extreme, verblüffende Gedächtnisleistungen, wie wir sie aus diversen TV-Rekord-Shows kennen, üben eine eigenwillige Faszination auf uns aus. Hat wirklich diese unüberschaubare Menge von Zahlen, Wörtern, Bildern, etc – noch dazu in der richtigen Reihenfolge – in einem Gehirn Platz? Sie hat – wenn man die richtige Technik benützt, sie dort zu verankern. Auch Dinge wie Karten, Farben oder Stufen werden auf diese Weise memoriert, indem sie zunächst in einen bestimmten Code verwandelt und dann auf Plätzen abgelegt oder mit gewissen Auslösern verknüpft werden. Wenn Sie einige der Werkzeuge im Laufe der bisherigen Lektüre bereits ausprobiert haben, konnten Sie ja vielleicht schon selbst den einen oder anderen Verblüffungserfolg erzielen.

Ich finde es wichtig, dass uns solche „Köpfchenrekorde" immer wieder vor Augen führen, zu welchen Leistungen unser Gedächtnis imstande ist. Sie schaffen die Basis dafür, dass Menschen sich mehr mit der ungenützten Kapazität ihres Gedächtnisses auseinander setzen. Veranstaltungen wie die jährlich stattfindenen „Mind Games" in Österreich können daher nicht hoch genug eingeschätzt werden. Sie motivieren junge Menschen dazu, sich im fairen Wettstreit mit anderen zu messen – nach dem Motto: Wer merkt sich mehr? Natürlich kann ein/e GedächtnisathletIn bei Wettbewerben dieser Art nur erfolgreich sein, wenn sie/er entsprechend trainiert. Da heißt es dann, Zahlen- und Kartenbilder nach einem bestimmten System einprägen, Codes für Binärzahlen entwickeln und vor allem: möglichst viele Gedächtnisräume vorbereiten, in denen dann all diese Bilder auch abgelegt werden können.

EXTREME GEDÄCHTNISLEISTUNGEN

Ein wesentliches Element darf aber dabei niemals aus den Augen verloren werden: der Spass an der Sache, das spielerische Herangehen an dieses kreatives Bilderdenken. Bei regelmäßigem Training sind Leistungssteigerungen unübersehbar, und gerade diese persönlichen Erfolge sind es, die zählen – und nicht das Aufstellen immer neuer Rekorde. Wenn das Ganze mit (zu viel) verbissenem Ehrgeiz betrieben wird, stellt sich für mich, wie bei jeder anderen Extrem-Sportart auch – irgendwann die Frage nach dem Sinn: Worin liegt dieser beim halbstündigen Memorieren einer möglichst langen Binärzahl?

Viel wichtiger ist es, wo immer möglich, einen Transfer in den „Gedächtnis-Alltag" zu suchen und sich zu fragen: Wo können mir diese Mnemotechniken helfen, auch im Schul- oder Berufsalltag mein Gedächtnis besser zu nützen? Wie kann der bewusste Umgang mit den Bildern im Kopf mein Leben insgesamt bereichern?

Deshalb finden Sie in diesem Buch – neben den mnemotechnischen Grundtechniken[61] – auch einige Gedankenanstöße in diese Richtung. Machen Sie sich auch dazu Ihre eigenen Bilder!

YOUNG AT HEART

Jeder, der sich die Fähigkeit erhält, Schönes zu entdecken, wird nie alt werden.
Franz Kafka (1883–1924)

„Young at heart"

Bitte verzeihen Sie zunächst auch hier den Anglizismus – der bewusste Umgang mit dem Reichtum (der Bilder in) unserer Sprache schärft auch die Sensibilität im Umgang mit Wortschöpfungen. Sollen wir wirklich alle coolen, hippen(!) Mega-Trends unkritisch an- und in unsere Sprache unreflektiert aufnehmen? ... wo dann nach Herzenslust downgeloadet und gefightet wird; wo nicht mehr von Gedächtnis, sondern Memory die Rede ist? Für den Anfangsbuchstaben Y sind die Möglichkeiten in unserer deutschen Sprache jedoch eher beschränkt; andererseits eignet er sich ausgezeichnet als Angelhaken, um die Idee des mentalen Jungbleibens (auch) durch **Kreatives Gedächtnistraining** hier einzubringen. Nur wer im Herzen jung bleibt, kann dies auch auf mentaler Ebene sein!

Bewahren wir uns also die Neugierde, das Staunen eines Kindes für das Unerwartete, außerhalb der täglichen Routine Stehende, kurz: für das (immer wieder) Neue in unserem Leben. Genießen Sie aber auch gleichzeitig die Weisheit des Alters, den Vorteil eines viel dichter geknüpften Wissens-Netzes. Ich wünsche Ihnen, dass Sie mit dieser unvoreingenommenen Neugierde auch an das Ausprobieren der in diesem Buch vorgestellten Mnemotechniken herangehen und durch das Eintauchen in die faszinierende Welt der Bilder neue (Denk-)Erfahrungen machen, die zu Ihrem mentalen Jungbleiben beitragen!

Bewahren wir uns aber auch unser Interesse an den Menschen, unser soziales Engagement, denn: Wer sich aus dem sozialen Leben zurückzieht, dessen mentale Fähigkeiten lassen am stärksten nach. Wissen Sie übrigens, welche Aktivitäten – neben gezieltem Trainieren unseres Gehirnmuskels natürlich – unsere geistige Fitness am meisten erhöhen? Es sind Tätigkeiten, die man zwar auch allein, aber noch viel fruchtbringender in Gemeinschaft ausüben kann: Musizieren und – Tanzen!

*

ZAHLEN MERKEN

*Deine Zukunft ist, wozu du sie machen willst.
Zukunft heißt „wollen".*
Patrick White, Nobelpreis für Literatur 1973 (1912–1990)

Zahlen merken
kein Problem!

Wenn ich die TeilnehmerInnen meiner Seminare nach ihren Motiven frage, ein Gedächtnisseminar zu besuchen, kommt als zweithäufigste Antwort (nach: besserem Namensgedächtnis): „Ich möchte mir Zahlen besser merken können – wie Pin-Codes, Kreditkartennummern oder Telefonnummern." Viele beklagen auch, dass ihnen – im Zeitalter von Handy und Palmtop oder elektronischem Gedächtnis – immer mehr die Fähigkeit abhanden kommt, sich längere Zahlenkombinationen zu merken. Doch – wie praktisch wäre es, sich eine Telefonnummer auch dann im Geiste notieren zu können, wenn man keine Möglichkeit hat, sie auch tatsächlich aufzuschreiben oder gleich ins Handy einzutippen!

Ich möchte Ihnen im nun Folgenden ein Werkzeug vorstellen, das es Ihnen ermöglicht, genau diese Fähigkeit zu entwickeln. Haben Sie Lust, sich auf eine Methode einzulassen, die Ihnen – einmal gelernt und beherrscht – ungeahnte Möglichkeiten eröffnet? Sie können sich damit nicht nur z. B. während einer Autofahrt durchgegebene Handynummern geistig einspeichern, Sie merken sich auch alle anderen für Sie wesentlichen Zahlen – seien dies nun Versicherungsnummern oder geschichtliche Daten – (beinahe) mühelos. Allerdings: Im Leben gibt es nichts umsonst. Es gibt auch hier keinen Zaubertrichter, den Sie sich einfach aufsetzen und durch den alles (Zahlen-)Wissen in Sie einfließt, ohne dass Sie einen Finger rühren müssten.

Bevor ich Sie jedoch hinter die Kulissen eines erfolgreichen Zahlengedächtnisses blicken lasse, machen wir ein Experiment. Schauen Sie sich folgende Zahl nicht länger als zwanzig Sekunden an (nicht schummeln!!!!):

2 1 0 6 1 4 9 2 0 8 1 5 4 7 1 1 2 4 1 2

Nun decken Sie sie ab und versuchen, so viele Stellen wie möglich niederzuschreiben (nicht nachschauen!)

ZAHLEN MERKEN

Kein Problem, wenn Sie sich nicht alle Stellen dieser Zahl gemerkt haben – im Gegenteil! Gehen Sie nun zu Seite 170, und holen Sie sich dort eine wichtige Information, bevor Sie hierher zurückkehren, um noch einen Versuch zu starten.

Warum haben Sie sich die Zahl nun viel besser gemerkt? Ganz einfach – die einzelnen Teile dieser Zahl haben nun plötzlich eine Bedeutung bekommen, indem sie mit Bildern verknüpft wurden! Und genau darin liegt das Geheimnis.

Was Sie nun für ein exzellentes (bis hin zu: verblüffendes) Zahlengedächtnis an Vorarbeit investieren müssen, ist leicht erklärt: Sie legen sich zunächst für die Zahlen von null bis 99 **symbolische Bilder** zurecht und prägen sich diese ein. Keine Angst – es ist nicht notwendig, dass Sie diese Bilder mühsam selbst erfinden – beim Zurecht-Legen helfe ich Ihnen mit (m)einem äußerst einfachen, vielfach erprobten und wirkungsvollen System. Was ich Ihnen jedoch nicht abnehmen kann: das Einspeichern dieser Bilder. Doch sie sind, nicht zuletzt wegen des ihnen zugrunde liegenden Systems, leichter einzuprägen (und auch dauerhafter zu speichern) als etwa hundert Vokabeln einer Fremdsprache, die Sie in Ihrer Schulzeit vielleicht sogar manchmal für einen einzigen Vokabeltest zu lernen hatten.

Ich selbst bin natürlich überzeugt davon, dass sowohl die Erleichterung, aber auch die Bereicherung, die sich durch ein geschultes, verlässliches Zahlengedächtnis für unser Leben ergeben, den (relativ geringen) Aufwand mehr als wert sind. Trotzdem lautet die grundsätzliche Frage, die ich Ihnen stellen und die alle für sich selbst beantworten müssen: Wollen Sie?

Hier nun die Grundlagen meines **LMS-Zahlensystems:** Zunächst brauchen wir für die Zahlen von null bis neun einen **Leitkonsonanten,** d. h. einen Mitlaut, der in dieser Ziffer enthalten ist, der für diese Ziffer typisch ist. (Den Grund dafür erfahren Sie weiter unten – nehmen Sie es inzwischen einfach so hin.)

Für eins gibt es zwei Möglichkeiten – N oder S. Nachdem wir das N für **n**e**u**n brauchen werden, nehmen wir für **eins** als Leitkonsonant das S. Für **z**wei bietet sich als typischer Konsonant das Z an, für **d**rei das D. Für **v**ier

ZAHLEN MERKEN

nehmen wir V (darf, wenn nötig, auch ein W sein), für **fünf** das F. Bei **sechs** entscheiden wir uns – der Aussprache gemäß – für X oder CK, bei **sieben** bietet sich das B an. Für **acht** nehmen wir als Leitkonsonanten das CH (darf manchmal auch ein SCH sein), für **neun**, wie bereits erwähnt, das N. Bleibt nur noch **null** – hier nehmen wir L (oder LL) als typischen Buchstaben, den sonst keine andere Ziffer hat.

Hier noch einmal die Grundlage für unser LMS-Zahlensystem im Überblick:

Grundlage für LMS-ZAHLENSYSTEM

1	ein**s**	**s**
2	**z**wei	**z**
3	**d**rei	**d, t**
4	**v**ier	**v, w**
5	**f**ünf	**f**
6	se**ch**s	**ck, x**
7	sie**b**en	**b**
8	a**ch**t	**ch, sch**
9	**n**eun	**n**
0	nu**ll**	**ll**

Der nächste Schritt: Wir zerlegen die Zahlen von 21 bis 99 (für die Zahlen von eins bis 20 haben wir ja bereits bei der Hakenmethode unsere Bilder gefunden!) nach dem Muster der englischen Zahlen: 21 wird dann – siehe twenty-one – zu zwanzig-eins; 37 zu dreißig-sieben, 58 zu fünfzig-acht etc.

Mithilfe dieser Zerlegung und unserer oben aufgeschlüsselten Leitkonsonanten können wir uns nun zu jeder Zahl zwischen null und 99 ein (wichtig: BILDgebendes!) Wort herleiten. Der **Anfangsbuchstabe** des Wortes ergibt sich dabei aus dem Anfangsbuchstaben (= Zehnerstelle) der

Z ZAHLEN MERKEN

zerlegten Zahl: für alle Zahlen der Zwanziger-Reihe also **Z**, für jene der Dreißiger-Reihe **D** etc. Der **Mittelkonsonant** unseres „Bild-für-Zahl-Wortes" ist gleich dem jeweiligen Leitkonsonanten der Einerstelle, also S für 31, B für 57 etc. Gleich einige Beispiele, die dieses System illustrieren:

53 = **F**ünfzig–**d**rei: Wir brauchen ein Wort, das mit F beginnt und in der Mitte den Konsonanten D hat. Wie wär's mit **Faden** (oder: Feder)?

45 = **V**ierzig–**f**ünf: Diesmal muss unser Wort mit V (oder W) beginnen und in der Mitte ein F aufweisen. Hier bietet sich z. B. **Waffe** an.

67 = **S**echzig–**s**ieben = **Säbel** etc.

Das einzige Problem dabei ergibt sich aus der Tatsache, dass sowohl sechzig als auch siebzig mit s beginnen. Die einfache Lösung: Sie nehmen für die Siebziger-Reihe einen anderen Anfangsbuchstaben, der noch nicht besetzt ist, z. B. b (was ja zugleich auch der Leitkonsonant für sieben ist) oder irgendeinen anderen Buchstaben. Ich habe mich in meiner persönlichen Haken-Liste für l entschieden. Bei mir steht also für 71 (= „siebzig-eins) Lasso, für 74 (siebzig-vier) Löwe. Wenn Sie lieber das B als Anfangsbuchstaben nehmen möchten, könnte dies etwa für 70 den Ball und für 71 den Bass oder die Bassgitarre ergeben. Auch bei diesem System gilt wie bei allen anderen, die Sie bisher kennen gelernt haben: Machen Sie sich durchaus Ihre eigenen Bilder – die gehören dann auch wirklich Ihnen! Und wenn eine Zahl aus einem ganz bestimmten Grund für Sie von besonderer Bedeutung ist (z. B. 31, weil Sie an einem 31. Geburtstag haben, oder Ihre Hausnummer, Ihr Hochzeitstag, Geburtstage von anderen lieben Menschen etc.) – dann nehmen Sie dieses Bild! Bei mir besteht z. B. die Zwanziger-Reihe ausschließlich aus solch persönlichen Daten; die meisten könnte man als personifizierte Zahlen bezeichnen, weil es sich um die Geburtstage von meinen Kindern, Geschwistern, Nichten und Neffen handelt. Weil Ihnen diese nicht viel sagen würden, gebe ich Ihnen in meinem Zahlensystem-Überblick einige Vorschläge nach den oben angeführten Konstruktionsregeln (Ausnahme: 24 – Sie werden sicher zustimmen, dass *Weihnachtsbaum* hier das treffendste Bild ist).

ZAHLEN MERKEN

LMS-Zahlensystem

00 Luftballons	10 Zug	20 Ranzen; ranzig	30 Dollar	40 Wolle
1 Kerze	11 Elfen	21 Zaster	31 Dose	41 Vase
2 Ei	12 Wölf'	22 Zaziki (Tsatsiki)	32 Dutzend Rosen	42 Witz
3 Dreizack	13 Weizen	23 Zeder; Zünder	33 Diddl	43 Weide
4 Klavier	14 Bierzelt	24 Weihnachtsbaum	34 Diwan	44 VW
5 Finger	15 Pünktchen	25 Zifferblatt	35 Duft	45 Waffe
6 Hex	16 Disco	26 Zecke	36 Decke	46 Wecker
7 Sieb	17 Udo Jürgens	27 Zwiebel	37 Dieb; Dübel	47 Wabe
8 Schacht	18 Führerschein	28 Zucker; Zacke	38 Dach	48 Waschmaschine
9 Scheun'	19 Schnäuztuch	29 Zaun	39 Dan-Chlor	49 Wanne
50 Fell	60 Salz	70 Ball	80 Aal	90 Nil
51 Fass	61 Sessel	71 Bassgitarre	81 Ast	91 Nase
52 Fetzen	62 Seezunge	72 Batzen	82 Arzt	92 Netz
53 Faden; Feder	63 Seide	73 Bad	83 Adler	93 Nadel; Nudel
54 Fewa	64 Swarovski	74 Bawag; Biwak	84 Altwaren	94 Nivea
55 Fluffy	65 Saft	75 Buffet	85 Affe	95 Napf, Nofretete
56 Fackel; Ferkel	66 Sack; Säcke	76 Bäcker	86 Acker; Axt	96 Nackerte
57 Fieberthermom.	67 Säbel	77 Baby	87 Abt	97 Nabelschnur
58 Fächer	68 Sachertorte	78 Bach	88 Achterbahn	98 Nachttopf
59 Fahne	69 Sahne	79 Bühne	89 Anleihe	99 Nonne

Z ZAHLEN MERKEN

Noch ein Tipp dazu: Wann immer möglich, ersetzen Sie diese Begriffe durch Personen, die Sie kennen. Liebe Freunde, Bekannte, auch Schauspieler oder andere berühmte Persönlichkeiten eignen sich hervorragend als Bildgeber. Einzige Bedingung: Ihr Name muss aus jenen Buchstaben zusammengesetzt sein, die unseren Konstruktionsregeln entsprechen – damit Sie sie jederzeit wieder herleiten können, sollten sie Ihnen entfallen sein. Ein Beispiel: 69 (also: **s**echzig-**n**eun) ergibt **Sa**n**d**ra (Bullock?); 89 (**A**chtzig-**n**eun) wäre **An**ton (aus Tirol?), oder Sie kennen jemanden, dessen Spitzname Fiffi lautet – ein idealer Kandidat für Ihr Zahlenbild von **F**ünfzig-**f**ünf, sprich 55!

Sie finden übrigens im Anhang eine leere Liste für Ihre ganz persönlichen Zahlenbilder von 20 bis 99 – gleich im Anschluss an Ihre Haken von null bis 20. Ein Tipp vorweg: Verwenden Sie beim Eintragen zunächst unbedingt einen Bleistift. Sie werden beim Einprägen merken, dass das eine oder andere Bild zunächst etwas wackelig ist – Sie brauchen länger als bei anderen, um es wieder abzurufen. Und sehr oft taucht dann spontan ein anderes, besseres auf – nehmen Sie dieses! Vielleicht erobern Sie sich dieses Werkzeug für ein effektives, bildliches Zahlengedächtnis auch gemeinsam mit anderen Interessierten – als Familie, Freundesrunde, im Kollegenkreis. Dann ist es sehr hilfreich, die Bilder miteinander – im wahrsten Sinn des Wortes – auszutauschen und Anregungen von anderen zu erhalten. Möglicherweise ist eines dabei, das ausgezeichnet in Ihre Galerie passt. Und dann genügt ein Radiergummi, um sich von Ihrem alten, nicht so wirkungsvollen zu trennen.

Sie kennen nun also das zugrunde liegende System, um die Zahlen von null bis 99 in Bilder zu verschlüsseln. Nun geht's ans Einprägen – Sie erinnern sich: jener Teil der Vorarbeit, den ich Ihnen nicht abnehmen kann. Doch – unterschätzen Sie Ihre Kapazität nicht: Wenn Sie sich diese Arbeit in kleine Einheiten aufteilen, z. B. zehn bis zwanzig Minuten für zehn Bilder pro Tag, haben Sie es in zehn Tagen geschafft! Falls Sie sich bereits im Kapitel „Haken-Methode" die Haken von eins bis 20 erobert haben, sind es gar nur mehr acht Tage, in denen Sie tote Zeiten wie Warten im Stau oder bei Rot an der Ampel, Bügeln, Rasenmähen etc. doppelt besetzen und somit sinnvoll machen können. Natürlich ist es am Anfang wesentlich, dass Sie auch die bereits eingeprägten Bilder immer wieder

ZAHLEN MERKEN

(aus Ihrem Gedächtnis hervor-)holen und diese so lange festigen, bis sie Ihnen vertraut und rasch abrufbar geworden sind.

Auch hier wieder ein Tipp aus der Praxis: Wenn Sie alle Zahlen und die dazugehörigen Bilder durch haben und bereits beim Wiederholen angelangt sind, können Sie sich selbst abfragen, indem Sie sich vornehmen, alle Zahlenbilder der Zahlen mit (z. B.) der Einerstelle eins aufzurufen, also: Was ist mein Bild für 01, 11, 21, 31, 41 etc.? Oder rückwärts: 91, 81, 71 etc. Lassen Sie Ihre Phantasie spielen, und wiederholen Sie Ihre Bilder so oft und so kreuz und quer wie möglich. (Lässt sich übrigens gut beim Joggen erledigen – sogar rhythmisch mit den Schritten kombiniert, wenn Sie sich herausfordern möchten. Es kann ja zunächst ein gemütlicher „ei-ne-Sil-be-pro-Schritt-Rhyth-mus sein, den Sie nach Belieben steigern können.)

Noch ein weiterer Tipp für alle kinästhetischen Lerntypen, die Handfestes beim Lernen und Einprägen lieben – Sie haben ihn bereits im Kapitel „Vokabellernen" kennen gelernt: Schneiden Sie sich aus etwas steiferem Papier kleine Karten zurecht; schreiben Sie die Zahlen auf die Vorderseite, das entsprechende Bild dazu auf die Rückseite der Karten. Diese lassen sich leicht überallhin mitnehmen, um schnell zwischendurch ein wenig trainieren zu können. Sie beginnen zunächst mit einem noch etwas dünnen Päckchen, nehmen dann schrittweise immer mehr dazu und können so zusehen, wie Ihr Hakensystem wächst und gedeiht.

Und wenn Sie dann den Status erreicht haben, dass Ihnen bei 57 sofort ein Fieberthermometer oder bei 61 ein (bestimmter!) Sessel einfallen, dann haben Sie es geschafft – Sie können ab nun jede 10-, 20-, 30-stellige Zahl bildlich speichern (ohne sie aufzuschreiben) und auch wieder abrufen – und dies nicht nur vorübergehend in Ihrem Kurzzeitgedächtnis (das ohnehin damit überfordert wäre), sondern, bei entsprechender Wiederholung, auch für immer in Ihrem Langzeitgedächtnis, wenn Sie dies möchten.

Frei nach Goethe: Nun genug der Worte – lassen Sie uns Taten sehen![62] Wenden wir gemeinsam all das bisher Gesagte an, um eine (willkürlich gewählte) zehnstellige Zahl zu memorieren (= einzuprägen, um sie jederzeit wieder abrufen zu können).

Nehmen wir an, unsere zu memorierende Zahl sei **17 02 61 11 57.**

Z ZAHLEN MERKEN

Nehmen wir weiters an, es handle sich um die Telefonnummer eines bestimmten Freundes; nennen wir ihn Peter. In unseren Zahlenbildern ausgedrückt, ergibt sich für diese Nummer folgende Bilderreihe: **Udo Jürgens – Ei – Sessel – Elfen – Fieberthermometer.** Nun gilt es, diese Bilder in einer – möglichst lebhaften, bunten, spontanen – Geschichte miteinander zu verknüpfen. Wenn Sie Lust zum „learning by doing" haben – was die effektivste Lernform darstellt –, dann machen Sie sich jetzt Ihre eigene Geschichte, bevor Sie weiterlesen! Denn: Alles, was Sie selbst kreieren, gehört wirklich Ihnen und prägt sich noch leichter in Ihr Gedächtnis ein. Natürlich ist dieses Bildermachen und Verknüpfen eine Frage der Übung und geht mit zunehmender Routine immer schneller und leichter von der Hand. Versuchen Sie's einfach!

Und hier, zum Vergleichen, eine (von vielen!) mögliche Variante: Ausgangspunkt ist natürlich unser Freund Peter. Stellen wir uns einfach vor, wir schenken ihm eine Karte für ein **Udo-Jürgens-**Konzert – und er freut sich riesig darüber (= positive Emotion – tut wohl)! Als Nächstes müssen wir nun das **Ei** in unsere Geschichte bringen, und obwohl es sich anbieten würde, mit dem Ei nach dem Sänger zu werfen, weil er keine gute Leistung bringt, rate ich bewusst davon ab. Wo immer möglich, arbeiten Sie mit positiven Bildern in Ihren Merkgeschichten (mehr dazu finden Sie im Kapitel „Positive Bilder"). Lassen wir also Herrn Jürgens diesmal ein Ei (zu seinem obligaten Kamillentee) schlürfen. Hören wir, wie sein Gesang noch mitreißender wird – und unseren Peter vom **Sessel** reißt, der nun aufspringt und begeistert in die Hände klatscht. Doch – als er sich wieder niedersetzen möchte, kann er dies nicht – eine Gruppe winziger, zarter **Elfen** hat es sich auf seinem Sessel gemütlich gemacht und kichert und hopst dort herum! Peter greift sich auf die Stirn – jetzt könnte er ein **Fieberthermometer** brauchen!

Mithilfe dieser (oder vielleicht Ihrer eigenen?) Geschichte ist die Telefonnummer nun bildlich gespeichert, und wenn Sie sie noch ein paarmal wiederholen, sogar im Langzeitgedächtnis!

Natürlich gibt es Menschen, die nun sagen: In der Zeit, die ich brauche, um mir diese Geschichte zu überlegen, präge ich mir die Nummer auch ohne Bilder durch oftmaliges Wiederholen ein. Auch dies ist völlig in

ZAHLEN MERKEN

Ordnung – nur: Wenn Sie Ihren Freund Peter ein halbes Jahr lang nicht anrufen, ist diese Nummer weg. Ihre Chancen hingegen, die bildlich gespeicherte Nummer auch nach einem halben Jahr wieder abzurufen, sind ungleich größer, denn sie ist nicht irgendwo im Zahlenmeer versunken, sondern hängt an einem Haken. In unserem Fall ist dieser Haken Konzertkarte für Udo Jürgens – der Rest der Assoziationen stellt sich von selbst ein! Doch auch hier gilt – Probieren geht über Studieren. Versuchen Sie es einfach in ganz kleinen Schritten, lassen Sie sich darauf ein – und Sie werden sehen, ob es für Sie passt!

Auch auf ein weiteres Gegenargument möchte ich in diesem Zusammenhang eingehen: Wozu soll ich mir Telefonnummern merken, wenn ich sie ohnehin aufschreiben oder im Handy einspeichern kann? Meine Gegenfrage dazu: Wozu soll ich multiplizieren lernen, wenn dies ohnehin der Taschenrechner für mich erledigen kann? Natürlich können wir alle diese Dinge delegieren und unser Gedächtnis, unsere geistigen Fähigkeiten nicht damit belasten. Doch – ist dies wirklich eine Entlastung? Was passiert, wenn mein elektronischer Taschenrechner seinen Dienst aufgibt? Wenn mir mein Handy mit allen wichtigen Nummern aus irgendeinem Grund abhanden kommt? Wäre es dann nicht eine große Hilfe, wenn zumindest einige der Nummern auch in meinem Gedächtnis gespeichert wären?

Außerdem: Jede Fähigkeit, die wir nicht (mehr) nützen, verkümmert früher oder später. Wenn Sie sich jedoch dafür entschließen, Ihr Zahlengedächtnis auf diese (zugegebenermaßen noch etwas unübliche) Art und Weise in Schwung zu bringen und auch zu halten, schließen Sie sich damit neue Türen auf. Eine Tür trägt die Aufschrift: „Auch Zahlen-Merken kann Spaß machen"; eine andere führt Sie direkt ins Haus der Geschichte – mehr darüber am Ende dieses Kapitels!

Mit dieser **Zahlenbilder-Geschichtenmethode** – die sich (nicht nur) vorzüglich für Handy- oder Kreditkartennummern eignet – haben wir uns nun eine zehnstellige Zahl gemerkt. Natürlich ist diese Geschichte offen für Fortsetzungen, und Sie könnten noch weitere Stellen anhängen, wenn Sie eine noch längere Zahl memorieren wollen. Doch irgendwann besteht dann die Gefahr, dass die (Geschichten-)Kette zu lang wird und abreißt

ZAHLEN MERKEN

oder dass ein Glied herausfällt. Für längere Zahlen (oder auch, wenn Sie nun der Ehrgeiz gepackt hat und Sie bei Gedächtniswettbewerben mitmachen möchten) brauchen Sie eine andere Strategie, die es Ihnen ermöglicht, 100-, 200-, 300-(und noch mehr)stellige Zahlen zu memorieren – je nachdem, wie hoch Sie sich Ihre Latte legen möchten.

Sie haben diese Strategie bereits kennen gelernt, wenn Sie das Kapitel „Loci-Methode" schon gelesen und vielleicht die darin vorgestellte Technik selbst ausprobiert haben. Wenn wir nun diese **Loci-Methode** mit unseren Zahlenbildern verknüpfen, eröffnet sich uns die Möglichkeit, riesige Zahlenmengen an bestimmten Orten abzulegen (und selbstverständlich auch wieder – in der richtigen Reihenfolge – abzuholen). Sämtliche Gedächtniskünstler, die Sie vielleicht im Fernsehen mit Unmengen von Zahlen (geistig) jonglieren sehen, arbeiten nach diesem Prinzip. Wir wollen uns im Folgenden mit einer 20-stelligen Zahl begnügen – einfach aus Spaß an der Sache und um unser bildliches Gedächtnis für mehr Aufnahmefähigkeit in Beruf und Alltag in Schwung zu bringen!

Bei der Geschichtenmethode haben wir die Zahlenbilder einfach in ihrer Reihenfolge miteinander verknüpft. Einzig dafür nötige Vorarbeit: Ihre Zahlenbilder für die Zahlen von null bis 99 müssen bereits fest in Ihrem Gedächtnis verankert sein. Für Übungszwecke am Anfang oder jetzt, bei der Lektüre dieses Buches, ist es natürlich völlig in Ordnung, immer wieder die Liste mit dem LMS-Zahlensystem (oder Ihre eigene) zu Rate zu ziehen. Sie wissen ja – erst die Übung macht den Meister! Damit können Sie sich spontan auf Ihre (Zahlen-)Geschichte stürzen – siehe unsere erste zehnstellige Zahl oben (wissen Sie sie noch?).

Bei der Loci-Methode hingegen kommt noch ein kleiner Schritt vorher dazu: Wir müssen uns entscheiden, an welchen Orten wir unsere Zahlenbilder ablegen wollen. Auch diese Orte müssen bereits in unserer geistigen Landkarte vorhanden sein, damit wir unsere Zahlenbilder ganz gezielt platzieren können.

Sie sind bereits mit der Loci-Methode vertraut und haben sich schon einen Raum eins mit zehn Plätzen drinnen eingerichtet? Prima – dann nehmen Sie doch gleich diesen, um unsere neue Zahl dort zu deponieren. Wenn nicht – kein Problem, im Gegenteil: Machen Sie *jetzt* mit, und gönnen Sie

ZAHLEN MERKEN

sich gleich zwei Aha-Erlebnisse: Erstens zu sehen, wie gut diese (uralte, aber immer noch gute!) Gedächtnisstrategie funktioniert, und zweitens zu erleben, wie relativ mühelos Sie sich bereits jetzt, als Gedächtnis-Neuling sozusagen, eine 20-stellige Zahl einprägen können!

Nehmen Sie als Raum einfach jenen, in dem Sie sich jetzt gerade lesenderweise befinden, einigen Sie sich mit sich selbst auf zehn markante Plätze in diesem Raum. Wichtig: Wählen Sie eine bestimmte Reihenfolge; machen Sie eine (geistige) Runde, und notieren Sie sich (muss nicht schriftlich sein – auch geistige Notizen reichen völlig aus!), welche zehn Plätze Sie zum Ablegen verwenden wollen. Falls Sie im Freien lesen oder auch im Geiste frische Luft bevorzugen: Es können durchaus auch zehn Stationen entlang eines Spaziergangs im Freien sein!

Hier nun unsere zweite Zahl – bereits doppelt so lang wie unsere erste!

12 04 24 45 02 61 16 53 18 01[63]

1 Festlegen bzw. kurzes Wiederholen der zehn Plätze im Raum oder auf Ihrem Spazierweg.

2 Ablegen der ersten beiden Ziffern unserer Zahl am ersten Ort (= bildliches Verknüpfen des Zahlenbildes von zwölf mit dem jeweiligen Ort). Hier können wir uns natürlich nicht auf einen gemeinsamen Vorschlag einigen – ich kenne ja Ihre Orte nicht.

Trotzdem ein Beispiel: Nehmen wir an, Ihr erster Ort im Raum sei die Steckdose gleich rechts neben der Tür. Aus dieser Steckdose schlüpfen zwei winzig kleine Wölfe, werden immer größer, und dann ... (alles Weitere überlasse ich Ihrer Phantasie!). Auf Ihrem Platz Nummer zwei – was und wo auch immer er sein mag – erklingt wunderschöne Klaviermusik. Oder: Sie stellen den Gegenstand, der für Sie den Ort Nummer zwei markiert, einfach auf ein imaginäres Klavier usw. Den Abschluss unserer Zahl bildet die Ziffernfolge 01 (= Kerze). Vielleicht haben Sie als letzten Ort einen Teppich in der Mitte des Raumes gewählt – dort stellen Sie nun eine Kerze hin, die den ganzen Raum in ein warmes Licht hüllt.

Z ZAHLEN MERKEN

 Decken Sie nun die Zahl ab, und rekonstruieren Sie sie aus Ihrem Gedächtnis – viel Spaß!

Wenn Sie aktiv mitgemacht haben, können Sie nun mühelos eine 20-stellige Zahl wiedergeben (die Ihnen garantiert auch morgen noch zur Verfügung steht!). Nehmen Sie die erste zehnstellige noch dazu (die sicher noch in Ihrem Gedächtnis ist, nicht wahr?), kommen Sie sogar auf 30 Stellen. Meine SeminarteilnehmerInnen staunen immer wieder über ihre eigenen Gedächtnisleistungen, die sie im Laufe eines Seminartags erbringen. Neben den Vor- und Nachnamen sämtlicher Anwesender (plus Beruf, Hobbys, Zahl und Namen der Kinder etc) und zahlreichen (anhand interessant-amüsanter Merkgeschichten eroberten) Lerninhalten nehmen sie auch so im Vorbeigehen eine 30- bis 40-stellige Zahl mit nach Hause. Dort wird meist alles mit Begeisterung einer interessierten Zuhörerschaft weitergegeben, was den zusätzlichen positiven Effekt des Lernens durch Lehren ergibt. Wie ich aus zahlreichen Rückmeldungen erfahren habe, ist es vielen gelungen, diese Begeisterung für den kreativen Einsatz unseres Gedächtnisses auch in den Alltag hinüberzuretten.

Hier nochmals die wesentlichsten Punkte, die Sie beim Einprägen beherzigen sollten:

- In **kleinen Schritten** erobern und im Alltag einsetzen
- **Zahlenbilder,** die nicht zusagen, durch eigene ersetzen; z. B. durch bekannte Personen (89 ist bei mir eine bestimmte Anni; 44 ein Freund, dessen Spitzname Wiwo ist ...)
- am besten **eigene Liste** erstellen oder ein **kleines Kartenspiel** daraus machen (vorne Zahl, hinten Bild dazu); Schritt für Schritt mehr dazunehmen
- Und das Wichtigste: Das Ganze nicht zu ernst nehmen, sondern von der **spielerisch-kreativen** Seite betrachten!

Nun kommen wir zum Schluss noch, wie versprochen, zur Tür, die in unser Haus der Geschichte führt. Im Kapitel „Haus der Geschichte" habe ich Ihnen den Bauplan erklärt – jedes Jahrhundert hat einen eigenen Raum in

ZAHLEN MERKEN

diesem Haus; auch Park, Garten, angrenzender Wald und natürlich auch die Kellergewölbe sind mit einbezogen. Dieses Haus ist etwas Lebendiges; in einigen Räumen tummeln sich bereits so manche berühmte Persönlichkeiten eines Jahrhunderts, andere (z. B. das Kellergewölbe) sind bei mir noch eher verlassen. Ich lasse mir Zeit beim Einrichten und Bevölkern – die Idee dafür hat sich erst vor noch nicht allzu langer Zeit ergeben (Sie erinnern sich – sie wurde eigentlich aus mnemotechnischer Notwendigkeit geboren). Trotzdem gebe ich Sie Ihnen weiter – vielleicht möchten einige meiner LeserInnen sie aufgreifen und für sich selbst ausbauen.

Und für jene ExpertInnen ist nun auch der folgende Insidertipp gedacht: Jetzt, da Sie die Zahlenbilder von null bis 99 (zumindest theoretisch) kennen, können Sie sich vorstellen, wie das genaue Einprägen von Jahreszahlen funktioniert. Nehmen wir an, Sie möchten sich auch die genauen Geburtsjahre einiger berühmter Persönlichkeiten merken, die Ihr Haus der Geschichte bereits bevölkern. Wenn Sie Ihre Räume darin bereits vergeben (= den einzelnen Jahrhunderten zugeordnet) haben, sind Ihnen die ersten beiden Ziffern dieser Jahreszahl bekannt. Für die genaue Zehner- und Einerstelle nehmen Sie nun einfach das entsprechende Zahlenbild aus null bis 99, und verknüpfen Sie es möglichst anschaulich-lebhaft mit der jeweiligen Persönlichkeit!

Somit habe ich Ihnen noch einen Ausblick durch eine weitere Türe angeboten, die sich eröffnet, wenn diese Zahlenbilder einmal fix in Ihrem Gedächtnis verankert sind – und ich möchte Ihnen damit auch gleichzeitig Mut machen, es mir gleichzutun. Halten Sie Ausschau, seien Sie offen für neue, weitere Anwendungsmöglichkeiten Ihres Zahlen-/Bildergedächtnisses. Sie festigen dadurch nicht nur Ihre Zahlenbilder, die Ihnen nach einiger Zeit zu treuen, selbstverständlichen Begleitern werden. Sie verfügen damit auch über ein ständig wachsendes Reservoir von nützlichen Zahlen im Alltag und bringen zusätzlich noch mehr Farbe in Ihre grauen Zellen!

ZAHLEN MERKEN

Information zur Zahl auf Seite 157

2 1 0 6 1 4 9 2 0 8 1 5 4 7 1 1 2 4 1 2

Sie erhalten jetzt eine kleine Hintergrundgeschichte zu unserer Zahl, wodurch Sie sie dann mit etwas anderen Augen betrachten werden:

21. 06.: Sommerbeginn

1492: Columbus entdeckt Amerika

0815: selbsterklärend …

4711: Kölnischwasser

24. 12.: Weihnachten

Die Geschichte könnten Sie sich in etwa so vorstellen: Es ist ein wunderschöner, heißer Sommertag **(21. 06.)**, als Columbus in Amerika landet **(1492)**. Er blickt sich um und stellt erstaunt fest: „Hier schaut aber alles wirklich anders aus – absolut nicht **0815**! Und dieser Duft – erinnert mich ein wenig an den Duft meiner Geliebten, **4711**. Auf alle Fälle bin ich schon gespannt, wie die hier Weihnachten **(24. 12.)** feiern!"

So, mit dieser Hintergrundgeschichte ausgerüstet, gehen Sie nun wieder zurück zu Seite 157 und wenden Sie sie an, indem Sie die immerhin 20-stellige Zahl aus dem Gedächtnis niederschreiben!

ZIELVISUALISIERUNG **Z**

Wer das Ziel kennt, kann entscheiden, wer entscheidet, findet Ruhe, wer Ruhe findet, ist sicher, wer sicher ist, kann überlegen, wer überlegt, kann verbessern.

Konfuzius (551–479)

Zielvisualisierung

Um im Leben weiterzukommen, müssen wir unsere Ziel kennen. Dabei ist es nicht entscheidend, woher wir *kommen,* sondern wohin wir *gehen* wollen. Viele Menschen antworten auf die Frage, was sie erreichen wollen, mit negativem Inhalt: Ich will weniger nervös sein. Ich will mich nicht immer nur nach den anderen richten müssen. Ich will weniger vergessen. Doch gerade durch solche Vorsätze werden innere Bilder von Problemvorstellungen erzeugt, die uns nicht weiterhelfen. Denken Sie einfach an das lila Pferd mit giftgrüner Mähne, an das Sie auf Seite 119 nicht denken durften, und Sie wissen, was passiert.

Entwicklungsziele zur persönlichen Weiterentwicklung müssen daher fünf wichtige Anforderungen erfüllen:[64]

Erstens: Sie müssen **positiv formuliert** werden. Ein Ziel ist nicht etwas, das *nicht* ist, sondern eine Kompetenz, eine Fähigkeit, die Sie aufbauen und erreichen möchten. Bleiben wir bei unserem Beispiel: „Weniger vergessen" ist eine schlechte Zielvorgabe. Eine positive Zielformulierung wie „Ich merke mir in Zukunft jene Dinge, die für mich wichtig sind" enthält bereits ein Stück von dem in sich, was Sie erreichen wollen.

Zweitens: Es muss **konkret beschreibbar** sein. Stellen Sie sich dazu die Frage: Woran genau werde ich (und werden andere) bemerken, dass ich dabei bin, mein Ziel zu erreichen? Solange Ihr Ziel so vage formuliert ist wie „dann werde ich mehr Selbstvertrauen haben", werden Sie kaum feststellen können, ob Sie Ihr Ziel erreicht haben oder nicht. Formulieren Sie deshalb so, dass ein Außenstehender genau nachvollziehen kann, welches Ihr Ziel ist. Also in unserem Fall z. B.: „Mir fallen immer öfter die richtigen Namen ein, wenn ich Menschen längere Zeit nicht gesehen habe." Oder: „Ich merke mir Zahlen auch so, ohne sie aufzuschreiben."

Drittens: Unser Ziel muss **lebendig und vorstellbar** sein. Unsere Phantasie ist eine wunderbare Einrichtung – wir können damit Ziele schon heute Wirklichkeit werden lassen. Sie werden damit konkreter und erreichbarer und führen uns wie ein unsichtbarer Fixstern in die richtige Richtung. In unserer Vorstellung können wir diese positive Zielvisualisierung wie einen

Z ZIELVISUALISIERUNG

Film, wie Kino im Kopf ablaufen lassen. Wir haben diese Technik bereits im Kapitel „Reden können wie ein Profi" kennen gelernt.[65] Sie sehen sich wie in einem Film dabei zu, wie Sie erfolgreich handeln – also z. B. eine Rede ohne Stichwortzettel halten, oder – warum nicht? – bei Armin Assinger in der „Millionenshow" mit genau jenem Wissen punkten können, das Sie sich einfach aus Spaß am Lernen mittels Mnemotechnik in Ihr Wissensboot geangelt haben.

Viertens: Unser Ziel muss **bedeutsam** sein. Je tiefer es aus unserem Inneren kommt, desto motivierter sind wir, uns dafür einzusetzen. Nachdem Sie dieses Buch bis hierher gelesen haben, nehme ich an, dass dies in puncto besseres Gedächtnis auf Sie zutrifft!

Fünftens und zu guter Letzt muss ein Entwicklungsziel **realistisch und erreichbar** sein und darf nicht zu hoch angesetzt werden. „Ich merke mir ab jetzt alles" zeugt zwar von Enthusiasmus, aber gleichzeitig auch von übersteigerten Erwartungen. Unterteilen Sie Ihr Ziel in realistische Teilziele, und freuen Sie sich, wenn Sie diese Schritt für Schritt erreichen. Sie könnten also zunächst in Ihrem Alltag verstärkt das bildliche Assoziieren in der Geschichten-Methode oder Haken-Methode (mit Körperliste oder den Zahlen von eins bis zehn) anwenden. Wenn es Ihnen zusagt, machen Sie weiter und erobern sich – ebenfalls Schritt für Schritt – die weiteren Zahlenbilder usw.

Gehen Sie auch bei anderen Zielen in Ihrem Leben genauso vor, und richten Sie sie nach diesen Kriterien aus. Wir können nur dann etwas in unserem Leben erreichen, wenn wir uns Ziele setzen – dies gilt für unseren beruflichen Erfolg genauso wie für unsere persönliche Weiterentwicklung. Wenn Sie sich Ziele und auch den Weg dorthin selbst festlegen, werden Sie Ihr eigener Coach. Sie werden offener sich selbst gegenüber und können so eigene Schwächen als Chance zur Weiterentwicklung erkennen und nutzen.

Nun sind wir (fast) am Ende dieses Buches angelangt, und ich freue mich, dass Sie den Weg von A bis Z mitgegangen sind. Ich habe Sie eingeladen, einen Blick hinter meine Kulissen zu werfen, in meine Karten zu blicken. Schön, wenn ich Sie dabei ein wenig mit meiner Begeisterung angesteckt habe! Denn eines ist sicher: Unser Gedächtnis ist faszinierend – es kann gestärkt, trainiert und dazu gebracht werden, für uns wahre Wunder zu wirken. Lassen Sie sich darauf ein!

ANHANG

Entspannungs-übungen

Entspannen ist eine einfache, aber effektive Methode, um kreative Energie freizusetzen, die vorher durch Ablenkungen, Probleme oder Ärgernisse blockiert war. Lösen Sie diese Blockaden, und gewinnen Sie so mehr Gelassenheit, Ruhe und die nötige Energie für das, was vor Ihnen liegt. Entspannung führt auch dazu, unsere Konzentration und Aufmerksamkeit zu erhöhen.

Zunächst ein Hinweis: Führen Sie alle Atemübungen zur vollkommenen Entspannung mit geschlossenem Mund durch; lassen Sie die Luft durch die Nase ein- und ausströmen. Suchen Sie Ihren eigenen Rhythmus, und vermeiden Sie abrupte Übergänge. Tiefes „Schnaufen" bringt nichts – achten Sie auf Leichtigkeit!

„Wellen am Strand"
Entspannung durch Tiefenatmung und Visualisierung[66]

Setzen Sie sich bequem und entspannt hin, lassen Sie Ihre Glieder locker (Arme und Beine nicht kreuzen). Dann atmen Sie tief und langsam durch die Nase ein, bis Ihre Lungen voll sind. Anschließend atmen Sie, wieder durch die Nase, alle Luft langsam aus. Stellen Sie sich Ihren Atemrhythmus wie eine Brandung vor: Beim Ausatmen brechen sich die Wellen sanft am Strand, beim Einatmen bauen sie sich wieder auf, während sie über den Sand oder Kies wieder ins Meer zurückrollen. Vergegenwärtigen Sie sich die Bewegung und den Klang der Wellen, den Geruch des Meeres. Lassen Sie dieses beruhigende Bild während der ganzen Übung vor Ihrem geistigen Auge ablaufen. Dies ist meiner Erfahrung nach eine der besten Übungen, um sich von Spannungen zu befreien und der Konzentration den Weg zu ebnen.

ANHANG

Schwerpunktübung (nach Voppel)

Stellen Sie sich hin, die Füße ungefähr schulterbreit auseinander, als ob sie einem starken Wind widerstehen wollten, der von vorne bläst. Halten Sie den Rücken ganz gerade, sodass Ihr Kopf genau über Ihrem Becken ist. Halten Sie den Kopf so, als ob Sie mit Ihren Augen den Horizont absuchten. Ihre Knie sind leicht gebeugt, und Sie spüren, von den Zehenspitzen bis zu den Fersen, wie Ihr Gewicht gleichmäßig auf Ihren Fußsohlen verteilt ist.

Bleiben Sie in dieser Haltung; fühlen Sie Ihren Schwerpunkt, und gönnen Sie sich ein paar tiefe Atemzüge. Atmen Sie dabei durch die Nase ein, und lassen Sie die Luft in Ihren Bauch strömen, als ob Sie dort einen Ballon aufblasen wollten. Atmen Sie dann entspannt durch den Mund aus. Machen Sie das ein paarmal, und spüren Sie, wie Ihr Schwerpunkt dabei ein wenig tiefer zu sinken scheint und wie Sie sich mehr und mehr entspannen.

Liftübung[67]

Schritt 1: Lehnen Sie sich in einem Stuhl zurück, lockern Sie die Muskeln, und entspannen Sie sich. Atmen Sie langsam, locker und gleichmäßig. Zählen Sie zehn Atemzüge, wobei Sie im Geiste bei jedem Ausatmen die Zahl vor sich hinsprechen. Wenn Sie sich dann ruhig und gelassen fühlen, stellen Sie sich vor, dass in dem Raum, in dem Sie sitzen, eine neue Tür erscheint. Durch diese Tür treten Sie in einen Aufzug. Sie befinden sich im zehnten Stock.

Schritt 2: Während Sie die Stockwerktasten betrachten, fühlen Sie, wie sich der Aufzug langsam abwärts bewegt. Bei jedem Ausatmen fahren Sie eine Etage tiefer – 10 ... 9 ... 8 ... Mit jeder Etage entspannen Sie sich etwas mehr. Ihr Atem wird leiser, Ihr Geist öffnet sich und wird aufmerksamer.

Schritt 3: Wenn der Aufzug im Erdgeschoß angekommen ist, ist es so still geworden, dass Sie Ihren Herzschlag fühlen. Wenn die Tür sich öffnet, sind Sie genau an dem Ort, an dem Sie sein möchten. Es kann eine Werkstatt, ein Atelier, ein Berg oder ein Tal sein – jeder Ort, an dem Sie das Gefühl haben, dass Ihnen alle Zeit der Welt zur Verfügung steht. Lassen Sie sich Zeit, diese Erfahrung innerer Freiheit auszukosten.

Schritt 4: Fragen Sie sich: Was würden Sie an diesem idealen Ort tun? Wen möchten Sie gerne dort treffen? Wie möchten Sie die Zeit verbringen? Nehmen Sie sich eine kurze geistige Auszeit.

Schritt 5: Wenn Sie alles erledigt haben, was Sie an diesem Ort tun wollten, kehren Sie mit dem Aufzug in das oberste Stockwerk zurück, wobei Sie wieder mit jedem Atemzug eine Etage zählen. Sobald Sie oben angekommen sind, öffnen Sie die Augen.

Phantasiereisen

Hier steht die bewusste Aktivierung der Innenwelt im Vordergrund. Phantasiereisen führen in unsere innere Welt, bringen uns in Kontakt mit unseren Vorstellungen und Phantasien. Wir unternehmen solche Reisen auch oft spontan in unseren Tagträumen. Bei der „gelenkten Phantasiereise" eröffnen uns die auftauchenden Bilder, Töne oder Empfindungen neue Sichtweisen und geben Perspektiven für das Handeln in der Außenwelt. Wenn Sie Lust haben, können Sie sich gleich hier auf eine solche Reise in die Welt der Vorstellungs- und Phantasiebilder begeben ...[68]

... es geht mit dem Zug ins Land der Phantasien. Nehmen Sie Platz, machen Sie es sich bequem. Und während Sie dies hier lesen, fährt der Zug mit einem sanften Ruck ab. Draußen zieht die Landschaft vorbei. Es beginnt leicht zu regnen. Hier drinnen im Abteil ist es gemütlich. Monoton rattern die Räder. Sie lesen in diesem Buch, und gleichzeitig genießen Sie die Reise in der Eisenbahn. Sie lehnen sich entspannt zurück, holen etwas tiefer Atem und machen es sich noch etwas bequemer.

Während Sie so gelöst dasitzen, blicken Sie aus dem Fenster und bemerken einen wunderschönen Regenbogen über der Landschaft. Weit spannt er sich über Wiesen, Hügel und Wälder, sanft schimmernd, in all seinen Farben. Sie nehmen diese eigenartige Stimmung wahr. Und während Sie über den Regenbogen staunen, erinnern Sie sich an Ihre Kindheit, an die Gefühle beim Anblick eines Regenbogens, an das Licht, die Luft nach dem Regen, an Farben, Gerüche, Geräusche und an all die vielen Geschichten, die mit dem Regenbogen verbunden sind. Und Sie lehnen sich bequem auf Ihrem Sitz zurück, ganz entspannt. Vielleicht lassen Sie das Buch sinken, schließen die Augen und hängen diesen Bildern, Gedanken und Gefühlen der Kindheit nach.

ANHANG

Lösungen und Hintergrundwissen

Assoziationen – Teil 2

Sie haben nun Ihre Liste mit Ihren persönlichen Assoziationen zu den vorgegebenen 20 Begriffen vor sich liegen.

- Machen Sie nun zunächst wieder eine Liste mit einer vertikalen Zahlenkolonne von eins bis 20.
- Versuchen Sie nun, mithilfe Ihrer notierten Assoziationen wieder die ursprüngliche Liste der 20 Ausgangswörter zu rekonstruieren.

Viel Spaß und Entdeckerfreude!

Merkgeschichten

Vier Mägen des Rindes

Labmagen
Blättermagen
Netzmagen
Pansen

ANHANG

Der wunderliche Riese

Ausgangspunkt unserer Geschichte: die **Pyramiden von Gizeh** im alten Ägypten. Es ist Nacht; der Pharao schläft tief und fest im Inneren der Pyramide. Plötzlich wird er durch ein ungestümes, lautstarkes Klopfen geweckt, und eine Stimme dröhnt: „Zu Hilfe – schnell! Der alte **Zeus** *(Zeusstatue im Zeustempel von Olympia)* will mich mit **Artemis** *(Artemistempel in Ephesus)* verheiraten – aber ich WILL nicht!!! Die braucht mich doch nur als Gärtner, weil ich so groß und stark bin!" Unwirsch und verschlafen steckt der Pharao seinen Kopf aus der Pyramide – und sieht einen Riesen vor sich stehen. Doch bevor er noch antworten kann, stößt dieser **Koloss** *(Koloss von Rhodos)* einen Schreckensschrei aus und flüchtet – direkt auf die Spitze eines **Leuchtturms** *(Leuchtturm von Alexandria),* auf den er sich – am ganzen Körper zitternd – vorsichtig setzt, die Knie angezogen. Verwundert hält der Pharao Ausschau nach dem Auslöser dieser Panikattacke – und findet ihn: eine kleine **Maus** *(Mausoleum von Halikarnassos),* die mindestens ebenso erschrocken flüchtet (der Sage nach soll sie in ein Zimmer geflüchtet sein, das ganz aus **Bernstein** war. *(Bernsteinzimmer,* das von Friedrich Wilhelm I. dem russischen Zaren Peter dem Großen geschenkt wurde.)

Die vergangenen elf Präsidenten der USA

„The Naked Stranger"

(… and this story is really **true, man!!!** = *Harry Truman, 1945–1953)*

Ausgangspunkt: eine einsame Prärielandschaft irgendwo in den USA. Sie sehen einen kleinen schwarzen Punkt am Horizont und zoomen sich näher heran. Es ist ein Farmer, der mit einer **eisernen Haue** *(Dwight Eisenhower, 1953–1961)* den kargen Boden bearbeitet. Ein großer Unbekannter, in einen langen schwarzen Mantel gekleidet, kommt auf den unermüdlich arbeitenden Bauer zu. Als der große Unbekannte vor unserem Farmer wortlos stehen bleibt, richtet sich dieser auf, wischt sich den Schweiß von seiner Stirn und fragt ihn, etwas unwirsch ob der Unterbrechung: **„Kenn i di?"** *(= John F. Kennedy, 1961–1963)* Der Fremde wirft stolz seinen Kopf zurück und antwortet mit lauter Stimme, ebenfalls im breiten Dialekt: „I bin **Johns Sohn** (= *Lyndon B. Johnson, 1963–1969*) und i hob – **nix on!!!**" (= *Richard M. Nixon, 1969–1974*) Dabei reißt er seinen Mantel auseinander – und, etwas erschrocken, sieht der Farmer den Inhalt dieser Worte bestätigt. Doch bevor er noch etwas sagen kann, geht der Fremde wieder **fort** (= *Gerald R. Ford, 1974–1977*) und nimmt dabei ein Päckchen **Karten** (= *Jimmy Carter, 1977–1981*) aus seiner linken Manteltasche (zusätzliche Eselsbrücke: Jimmy Carter war Demokrat), um damit zu spielen. Doch plötzlich fängt es an zu **regnen** (= *Ronald Reagan, 1981–1989*) – und weit und breit kein Unterschlupf zu sehen, nur ein **alter, verdorrter Busch** (= *George Herbert Walker Bush, 1989–1993*). In diesen hockt sich unser (doch nur spärlich bekleideter) Fremder hinein, um zumindest ein wenig geschützt zu sein. Da ertönt aus seiner ebenfalls linken Manteltasche (siehe oben wie bei Jimmy Carter!) ein für ihn offensichtlich vertrauter **Klingelton** (= *Bill Clinton, 1993–2001*) – er hebt sofort ab, springt dabei ehrerbietig auf und antwortet mit pflichtbewusster Stimme: „Jawohl, Herr Präsident, ich bin im **Busch!**" (*George W. Bush, ab 2001*)

Die 15 EU-Staaten (der Größe nach geordnet)

15 EU-Staaten: Unsere Geschichte[80] beginnt in Paris. Sie sehen den **Eiffelturm** (= Frankreich, 544.000 km^2) vor sich, und mitten auf einer Plattform steht ein feuriger **spanischer Torero** (Spanien, 506.000 km^2) und schwenkt sein rotes Tuch. Doch Sie wissen ja – je absurder, desto besser. Also kommt jetzt kein Stier, sondern ein **Auto** (Marke: Volvo = Schweden, 450.000 km^2) auf ihn zu. (Sie können ihm ja kleine Hörner auf die Motorhaube geben.) Aus dem Auto steigt – die gesamte **deutsche Fußballnationalmannschaft** (= Deutschland, 357.000 km^2), läuft zu unserem verdutzten Torero und zeigt ihm ihr neues Maskottchen – ein süßes, kleines **Rentier** (= Finnland, 338.000 km^2). Dieses Rentier bleibt aber nicht lange klein – es wird von der Wanderlust gepackt und marschiert nach **Rom**. Mitten im Kolosseum (= Italien, 301.000 km^2) bleibt es stehen und schaut erstaunt: Kein Wunder, denn im Zentrum fährt ein roter **Doppeldecker-Bus** (= Großbritannien, 244.000 km^2) seine Runden! Auf dem offenen Dach des Busses befindet sich eine riesige Feuerschale, in der das **olympische Feuer** (= Griechenland, 132.000 km^2) hoch in den

Himmel lodert. Doch – es wird einfach zu heiß, und so nähert sich eine riesige Flasche (schade, aber trotzdem) **Portwein** (= Portugal, 92.000 km²) aus dem Weltall und löscht mit einem zischenden Geräusch dieses olympische Feuer. Zurück bleibt die riesige Schüssel, die sich nun – wie durch Zauberhand – mit lauter **Mozartkugeln** (= Österreich, 84.000 km²) füllt. Und jetzt können Sie sich nicht mehr zurückhalten – diese Mozartkugeln schauen so verlockend aus, dass Sie sich eine nehmen und genussvoll hineinbeißen. Der Geschmack ist allerdings etwas anders als erwartet – sie ist nämlich mit echtem **irischen Guinness-Bier** (= Irland, 70.000 km²) gefüllt, was eine, na ja, eigenwillige Geschmackskomposition ergibt. Doch als kleinen Trost sehen Sie jetzt (oder war vielleicht das irische Bier etwas zu stark?), wie eine dieser Mozartkugeln aufspringt wie ein Ei – und heraus schlüpft eine wunderschöne **Meerjungfrau** (= Dänemark, 43.000 km²). Diese Meerjungfrau hat einen riesigen Strauß **Tulpen** (= Niederlande, 42.000 km²) im Arm, und sie wickelt diese bunten Tulpen nun ganz vorsichtig in echte **Brüsseler Spitze** (= Belgien, 31.000 km²) ein. Wenn das nicht wahrer **Luxus** (= Luxemburg, 3.000 km²) ist!

Der seltsame Wagen

Diese Geschichte handelt von einem Wagen, der Ihnen (nicht nur) aufgrund seiner sonderbaren Einzelheiten in Erinnerung bleiben wird. Setzen Sie einfach einen Kamerablick auf – so, als müssten Sie eine Dokumentation über diesen Wagen drehen. Sie beginnen auf der Rückbank – dort sehen Sie einen wunderschön geschnitzten Holzschuh, wie Sie ihn von Bildern aus **Holland** kennen *("Der fliegende Holländer")*. Im Holzschuh drinnen steht ein kleines Häuschen aus **Tannenzapfen** (frisch aus dem Wald – duftet noch herrlich!) *("Tannhäuser")*.

Nun wandert Ihr Blick weiter im Wageninneren nach vorne und bleibt dort hängen, wo sich üblicherweise der Ganghebel befindet. Dort sehen Sie heute aber nur ein **Loch,** aus dem eine grüne (englisch: **green**) Flüssigkeit quillt *("Lohengrin")*. Und aus dem eingebauten Radio ertönt eine **triste Melodie** *("Tristan und Isolde")* – allerdings **meisterlich** *("Die Meistersinger von Nürnberg")* gesungen! Beeindruckt vom bisher Gesehenen, sind Sie nun umso neugieriger, was dieser Wagen wohl von außen alles zu bieten hat. Sie steigen aus und sehen Ihre Erwartungen nicht enttäuscht: Die Stoßstange ist aus **reinem Gold** *(„Das Rheingold")*! Und auf der Motorhaube befindet sich eine ungewöhnliche Skulptur als Kühlerfigur: Zwei **Wale,** elegant auf ihren Schwanzflossen balancierend, höchst anmutig in eine **Kür** vertieft *(„Die Walküre")*, die sie um einen schlafenden Helden tanzen. Sie beschließen jetzt schon, in Ihrer Dokumentation diesem Helden den Namen **Siegfried** *(„Siegfried")* zu geben. Und eine Idee für das Filmende kommt Ihnen nun auch spontan: Der „seltsame Wagen" steht kurz vor dem Ausblenden einsam am Horizont in der **Abenddämmerung** *(„Götterdämmerung")*. Nun setzen Sie sich zum Schluss noch in den Wagen hinein, um sich ein wenig von all diesen ungewöhnlichen Eindrücken auszurasten. Sie werfen einen Blick in den Rückspiegel und entdecken zu Ihrem Erstaunen, dass die Geschichte bei Ihnen Spuren hinterlassen hat: Ihre Augenwinkel sind umrahmt von ein **PAaR SII**bernen **FAL**ten *(„also: PAR – SI – FAL oder „Parsifal")*.

Anmerkung: Ich habe mich beim Kreieren dieser Geschichte bemüht, die zehn wichtigsten Wagner-Opern darin in möglichst chronologischer Reihenfolge zu verpacken. Dies ist auch zum Großteil gelungen – allein bei der berühmten Tetralogie „Der Ring des Nibelungen" (bestehend aus: „Rheingold", „Walküre", „Siegfried", „Götterdämmerung" – in unserer Geschichte der „Teil auf der Motorhaube") war dies nicht ganz möglich. Wagner schrieb die ersten beiden Opern dieser Tetralogie („Rheingold", „Walküre") zwischen „Lohengrin" und „Tristan"; die beiden weiteren („Siegfried", „Götterdämmerung") nach den „Meistersingern" und vor seiner letzten Oper „Parsifal".

Das RENNEN um die Bundespräsidentschaft

Die Aufgabe der Kandidaten besteht darin, möglichst viele **KÖRNER** in möglichst viele Teile zu zerteilen (je mehr Körner, desto mehr Wählerstimmen). Jeder versucht natürlich, sein Schneidwerkzeug zu **SCHÄRFEN** – aber es gibt eine wesentliche Einschränkung (stellen Sie sich so einen kleinen, verhutzelten Wurzelsepp vor, der diese halb hochdeutsch, halb tirolerisch verkündet): **„JO, NASS** machen derfscht es nit!" Die armen Kandidaten plagen sich, bis der kleine Wurzelsepp sich eines, wie er glaubt, besonders fähigen Kandidaten erbarmt und zu ihm sagt: „Wort a bissl, **KRIACHST** an **SCHLÄGER** von mir. Damit haust dann die Körner in den **WALD HINEIN!**" Der Kandidat ist hocherfreut, nimmt den Schläger, holt aus – und die Körner fliegen in weitem Bogen über den Wald hinaus und landen in einem **KLEE**feld – und **STILL** wird's ringsum. Alle sind beeindruckt und wissen genau: Das ist unser Kandidat!

Hier die österreichischen Präsidenten seit 1945:

Karl Renner (1945–1950)
Theodor Körner (1951–1957)
Adolf Schärf (1957–1965)
Franz Jonas (1965–1974)

Rudolf Kirchschläger (1974–1986)
Kurt Waldheim (1986–1992)
Thomas Klestil (1992–2004)

Ein musikalischer Witz

Ein junger Student sucht ein Zimmer in Untermiete in einer großen Universitätsstadt. Nach langem Suchen findet er endlich eines, das passt. Bevor er den Mietvertrag unterzeichnet, fragt ihn die Vermieterin, eine freundliche, ältere Dame, was er denn studiere. „Musik", antwortet der junge Mann. „Um Gottes willen, nein!", ruft da die nun gar nicht mehr so freundliche Dame und reißt den Vertrag an sich. „Alles – nur kein Musikstudent! Wir hatten da vor einiger Zeit auch so einen wie Sie – der kam zunächst ganz **beethövlich** *(Ludwig van Beethoven, 1770–1827)*, mit einem **Strauß** *(Richard Strauss, 1864–1949)* in der Hand, nahm unsere Tochter beim **Händel** *(Georg Friedrich Händel, 1685–1759)* und führte sie mit **Liszt** *(Franz von Liszt, 1811–1886)* über den **Bach** *(Johann Sebastian Bach, 1685–1750)* in die **Haydn** *(Joseph Haydn, 1732–1809)*. Dort war er dann zunächst sehr **mozärtlich** *(Mozart, 1756–1791)*, doch dann wurde er **reger** *(Max Reger, 1873–1916)*, und nun haben wir einen kleinen **Mendelssohn** *(Felix Mendelssohn-Bartholdy, 1809–1847)* und wissen nicht, wo **hindemith** *(Paul Hindemith 1895–1963)*!!!"

ANHANG

Hakenliste KÖRPER 1 bis 10

Die linke Spalte ist für Ihre eigenen Haken reserviert. Wenn Sie meine übernehmen möchten – gerne! Dann decken Sie diese zu, und überprüfen Sie, ob Sie sie bereits aus dem Gedächtnis niederschreiben können.

	Ihre persönlichen Haken	Vorschlag LMS
1		Kopf (Haare)
2		Ohren (haben wir zwei!)
3		Hals
4		Schultern
5		Finger
6		Bauch (oder: etwas tiefer)
7		Knie (hat „ie" wie sieben)
8		Wade (hat „a" wie in Schacht)
9		Ferse
10		Zehen (zehn Zehen …)

Hier noch ein zweiter Vorschlag für eine „Körper-Hakenliste" – diesmal von unten nach oben; so können Sie wechseln und müssen nicht immer dieselbe Liste benützen.

	Ihre persönlichen Haken	Vorschlag LMS
1		Füße
2		Knie
3		Hosentasche
4		Popo (= unsere vier Buchstaben)

ANHANG

5	Taille
6	Brust (oder Busen – Sie wissen schon)
7	Schultern
8	Hals (Platz acht – wie ein Schacht)
9	Nase (fängt auch mit N an)
10	Haare

Tipp: Von oben nach unten, aber auch öfters von unten nach oben durchgehen!

Hakenliste Auto

	Ihre persönlichen Haken	Vorschlag LMS
1		Zunächst außen: Stoßstange
2		Motorhaube
3		Windschutzscheibe
4		Dach(träger)
5		Kofferraum
6		Dann innen: Lenkrad
7		Ganghebel
8		Beifahrersitz
9		Rückbank
10		Fensterablage Heckfenster

ANHANG

Loci-Methode – Ihre Räume

Raum 1 (...................)   Raum 2 (...................)

1 _____   _____
2 _____   _____
3 _____   _____
4 _____   _____
5 _____   _____
6 _____   _____
7 _____   _____
8 _____   _____
9 _____   _____
10 _____   _____

Raum 3 (...................)   Raum 4 (...................)

1 _____   _____
2 _____   _____
3 _____   _____
4 _____   _____
5 _____   _____
6 _____   _____
7 _____   _____
8 _____   _____
9 _____   _____
10 _____   _____

ANHANG

Wissenslisten

Thema: Freundschaft/Liebe/Partnerschaft

A	J	S
B	K	T
C	L	U
D	M	V
E	N	W
F	O	X
G	P	Y
H	Q	Z
I	R	

Thema: Gelungene Kommunikation

A	J	S
B	K	T
C	L	U
D	M	V
E	N	W
F	O	X
G	P	Y
H	Q	Z
I	R	

ANHANG

Thema: Wege zu einem guten Gedächtnis

A	J	S
B	K	T
C	L	U
D	M	V
E	N	W
F	O	X
G	P	Y
H	Q	Z
I	R	

Thema: Meine Stärken

A	J	S
B	K	T
C	L	U
D	M	V
E	N	W
F	O	X
G	P	Y
H	Q	Z
I	R	

ANHANG

Und zu guter Letzt: Auch dieses Buch ist letztendlich (m)ein Wissens-Abc zum Thema Gedächtnis. Welche Kapitel waren für Sie besonders interessant? Welche sind Ihnen – aus welchem Grund auch immer – im Gedächtnis geblieben? Können Sie sich spontan, ohne einen Blick ins Inhaltsverzeichnis zu werfen, an einige Kapitelüberschriften erinnern? Oder: Welche Assoziationen haben Sie jetzt, nach der Lektüre dieses Buches, zum Thema Gedächtnis?

Thema:

A	J	S
B	K	T
C	L	U
D	M	V
E	N	W
F	O	X
G	P	Y
H	Q	Z
I	R	

ANHANG

Ihre Zahlenbilder von 20 bis 99

Hier ist nun Platz für Ihre Zahlenbilder. Lassen Sie sich Zeit beim Eintragen und Einprägen; erobern Sie sich diese Symbole Schritt für Schritt, und verwenden Sie zunächst einen Bleistift.

20 _____	40 _____	60 _____	80 _____
21 _____	41 _____	61 _____	81 _____
22 _____	42 _____	62 _____	82 _____
23 _____	43 _____	63 _____	83 _____
24 _____	44 _____	64 _____	84 _____
25 _____	45 _____	65 _____	85 _____
26 _____	46 _____	66 _____	86 _____
27 _____	47 _____	67 _____	87 _____
28 _____	48 _____	68 _____	88 _____
29 _____	49 _____	69 _____	89 _____
30 _____	50 _____	70 _____	90 _____
31 _____	51 _____	71 _____	91 _____
32 _____	52 _____	72 _____	92 _____
33 _____	53 _____	73 _____	93 _____
34 _____	54 _____	74 _____	94 _____
35 _____	55 _____	75 _____	95 _____
36 _____	56 _____	76 _____	96 _____
37 _____	57 _____	77 _____	97 _____
38 _____	58 _____	78 _____	98 _____
39 _____	59 _____	79 _____	99 _____

ANHANG

Verwendete und weiterführende Literatur

Gedächtnis

Birkenbihl, Vera F. (2002), Inneres Archiv. Offenbach: Gabal.

dies. (2002), Das neue Stroh im Kopf. 40. Auflage. Landsberg, München: mvg. ISBN 3-478-08322-2.

Buzan, Tony (1998), Kopftraining. 34. Auflage. München, Goldmann.

Gardner, Howard (2002), Intelligenzen. Die Vielfalt des menschlichen Geistes. Stuttgart: Klett-Cotta.

Holler, Johannes (1997), Iss dich klüger. Das praktische Handbuch für die optimale Gehirnernährung. Frankfurt am Main: Umschau Buchverlag.

Howard Gardner (1991), Abschied vom IQ. Stuttgart: Klett-Cotta.

Karsten, Gunther (2002), Erfolgs-Gedächtnis. München: Mosaik Verlag GmbH.

Langer, Ellen J. (1999), Kluges Lernen. Sieben Kapitel über kreatives Denken und Handeln. Hamburg: Rowohlt.

Lapp, Danielle C. (1987), Nichts mehr vergessen! Neuer Schwung für graue Zellen. München: Mosaik Verlag GmbH.

Schacter, Daniel L. (2001), Wir sind Erinnerung. Reinbek bei Hamburg: Rowohlt Taschenbuch Verlag.

Voigt, Ulrich (2001), Esels Welt. Mnemotechnik zwischen Simonides und Harry Lorayne. Hamburg: LIKANAS Verlag GmbH.

vos Savant, Marilyn/Fleischer, Leonore (1994), Brain Building. Das Supertraining für Gedächtnis, Logik, Kreativität. Reinbek bei Hamburg: Rowohlt Taschenbuch Verlag.

Kreativität

Birkenbihl, Vera F. (2002), ABC-Kreativ. Kreuzlingen/München: Ariston.

dies. (2002), Das große Analograffiti Buch. Paderborn, Junferman

Wujec, Tom (2002), Neues aus der Kreativitätsküche. Landsberg, München: mvg.

Rhetorik

Amon, Ingrid (2000), Die Macht der Stimme. Persönlichkeit durch Klang, Volumen und Dynamik. Wien/Frankfurt: Ueberreuter.

Birkenbihl, Vera F. (1998), Rhetorik. Redetraining für jeden Anlass. 3. durchgesehene Auflage, Urania Verlag.

Ditko, Peter H./ Engelen, Norbert Q. (1996), In Bildern reden. Die neue Redekunst aus Ditkos Schule. Düsseldorf: Econ.

Selbstmanagement

Birkenbihl, Vera F. (2001), Humor – an ihrem Lachen soll man sie erkennen. Landsberg am Lech: mvg.

dies. (2003), Warum wir andere in die Pfanne hauen ... und wie wir lernen können, dies zu vermeiden. 2. überarb. u. erg. Auflage. Paderborn: Junfermann.

Christiani, Alexander/Scheelen, Frank M. (2002), Stärken stärken: Talente entdecken, entwickeln und einsetzen. München: Redline Wirtschaft bei Verlag Moderne Industrie.

Csikszentmihaly, Mihaly (1999), Flow – das Geheimnis des Glücks. 7. Auflage. Stuttgart: Klett-Cotta.

Dahlke, Rüdiger (1994), Reisen nach innen. Geführte Meditationen auf dem Weg zu sich selbst. München: Heinrich Hugendubel Verlag.

Eichborn, Christoph (2002), Souverän durch Self-Coaching. Ein Wegweiser nicht nur für Führungskräfte. Göttingen: Vandenhoeck & Ruprecht.

Gawain, Shakti (1984), Stell dir vor. Kreativ visualisieren. Reinbek bei Hamburg: Rowohlt.

Kingston, Karen (2003), Feng Shui gegen das Gerümpel des Alltags. 3. Auflage. Reinbek bei Hamburg: Rowohlt Taschenbuch Verlag.

Malik, Fredmund (2001), Führen, Leisten, Leben. 6. Aufl., Stuttgart/München: Heyne.

Stollreiter, Marc (2003), Aufschieberitis dauerhaft kurieren. Wie Sie sich selbst führen und Zeit gewinnen. Landsberg, München: mvg.

Teml, H. u. H. (1994), Komm mit zum Regenbogen. Linz: Veritas.

von Münchhause, Marco (2002), So zähmen Sie Ihren inneren Schweinehund! Vom ärgsten Feind zum besten Freund. Campus Verlag.

Wissen

Gombrich, Ernst H. (1985), Eine kurze Weltgeschichte für junge Leser. 7. Auflage, Köln: DuMont Buchverlag.

Orgovanyi-Hanstein, Britta (2003), Geschichtebaum Europas. Verlag Christian Brandstätter. ISBN 3854982267.

Schwanitz, Dietrich (1999), Bildung. Alles, was man wissen muss. Frankfurt am Main: Eichborn AG.

vos Savant, Marilyn/Fleischer, Leonore (2002), Brainpower-Training. Das Aktivprogramm für Wissen und geistige Fitness. Reinbek bei Hamburg: Rowohlt Taschenbuch Verlag.

Zimmermann, Martin (Hrsg.) (2002), Allgemeinbildung. Das musst du wissen. Würzburg: Arena Verlag.

Sonstiges

von Krafft, Thomas (2003), Talente entdecken und fördern. München: Gräfe & Unzer.

ANHANG

Fußnoten

1 vgl. Langer, Ellen J. (1999), Kluges Lernen. Sieben Kapitel über kreatives Denken und Handeln. Rowohlt: Hamburg.

2 vgl. ebd., S. 100

3 vgl. Matthias Horx, Trend- und Zukunftsforscher, in seiner wöchentlichen „Presse"-Kolumne „ZUKUNFT PASSIERT", 10. Mai 2003

4 Der Name „Miniaturmalerei" leitet sich übrigens nicht von der Tatsache ab, dass es sich dabei um Malerei in kleinen Formaten handelt, sondern von den lateinischen Wörtern minium für „Mennige" und miniatus für „rot gefärbt".

5 Definition Akronym: Die „Spitzen" (griech. akros), also Anfangsbuchstaben mehrerer Wörter ergeben ein neues Wort

6 Ausgangspunkt war ein Artikel im „Wirtschaftsblatt" vom 26. Juni 2002, S. 26.

7 Stollreiter, Marc (2003), Aufschieberitis dauerhaft kurieren. Wie Sie sich selbst führen und Zeit gewinnen. Landsberg, München: mvg.

8 von Münchhause, Marco (2002), So zähmen Sie Ihren inneren Schweinehund! Vom ärgsten Feind zum besten Freund. Campus Verlag

9 vgl. Stollreiter, a.a.O., S. 84

10 Voigt, Ulrich (2001), Esels Welt. Mnemotechnik zwischen Simonides und Harry Lorayne. Hamburg: LIKANAS Verlag GmbH, S. 166

11 Natürlich muss ich als Gedächtnistrainerin auch zwischendurch ein Päckchen Spielkarten oder eine Zahlenkolonne memorieren, um damit in meinen Seminaren meine TeilnehmerInnen einerseits zu verblüffen und andererseits zu motivieren, selbst auch das Potenzial unseres Gehirns (viel) mehr zu nützen. Ich bin jedoch selbstkritisch genug, die Sinnhaftigkeit solcher Memorierübungen, als Selbstzweck durchgeführt, in Frage zu stellen.

12 Wujec, Tom (2002), Neues aus der Kreativitätsküche. Landsberg, München: mvg, S. 31

13 Voigt, Ulrich, a.a.O.

14 vos Savant, Marilyn/Fleischer, Leonore (1994), Brain Building. Das Supertraining für Gedächtnis, Logik, Kreativität. Reinbek bei Hamburg: Rowohlt Taschenbuch Verlag, S. 238

15 Wenn Sie gerne nachrechnen möchten: Julius Caesar starb 44 v. Chr. – ergibt also 2047 Jahre, die zwischen seinem Todesjahr und unserer Zeit liegen. Normalerweise nimmt man in der westlichen Zivilisation drei Generationen pro Jahrhundert an, also 33,5 Jahre pro Generation. Teilen Sie nun 2047 durch 33,5, erhalten Sie rund 61 Generationen, die zwischen Ihnen und Caesar liegen.

16 vos Savant, a.a.O., S. 244

17 entworfen von der Historikerin Britta Orgovanyi-Hanstein, Verlag Christian Brandstätter. ISBN 3854982267

18 Gardner, Howard (2002), Intelligenzen. Die Vielfalt des menschlichen Geistes. Stuttgart: Klett-Cotta, S. 46

19 vgl. ebd., S. 47

20 siehe ebd., S. 83

21 Christiani, Alexander/Scheelen, Frank M. (2002), Stärken stärken. Talente entdecken, entwickeln und einsetzen. München: Redline Wirtschaft

22 Howard Gardner, Intelligenzen, a.a.O., S. 78

23 Christiani/Scheelen, a.a.O., S. 73

24 Daher noch ein Hinweis auf das Kapitel „Geschichten-Methode" – hier finden Sie die multiplen Intelligenzen in eine Merk-Geschichte verpackt!

25 Malik, Fredmund (2001), Führen, Leisten, Leben. 6. Aufl., Stuttgart/München: Heyne, S. 123

26 ebd.

27 Ich verwende bewusst – wo immer möglich – Begriffe unserer Muttersprache, die dasselbe bedeuten wie der (modernere?) englische Ausdruck. Hier sei mir der kleine „Kunstgriff" in der Kapitelüberschrift gestattet – der Buchstabe L ist bereits anderwärtig besetzt.

28 in: Holler, Johannes (1997), Iss dich klüger. Das praktische Handbuch für die optimale Gehirnernährung. Frankfurt am Main: Umschau Buchverlag. Ein empfehlenswertes Buch für alle, die am zweifellos vorhandenen Einfluss unserer Ernährung auf ein leistungsfähiges Gehirn und Gedächtnis interessiert sind.

29 Hilfsmittel: Schreibzeug und Papier, auf dem bereits eine Tabelle mit drei bis fünf (oder mehr) Spalten vorbereitet ist („Stadt", „Land", „Fluss", „Beruf", „Tier" etc.). Ein Mitspieler ruft laut „A" und zählt dann (stumm) innerlich das Alphabet weiter auf. Ein anderer Mitspieler ruft „Stopp!"; der Erste nennt nun laut den Buchstaben, bei dem er inzwischen angelangt ist, z. B. „M". Nun gilt es, so schnell wie möglich eine Stadt, ein Land, einen Fluss, einen Beruf etc. aufzuschreiben, die mit „M" beginnen. Sobald jemand fertig ist, wird diese Runde gestoppt. Für jeden (auch tatsächlich existierenden) Begriff gibt es zehn Punkte; wenn allerdings eine Stadt, ein Land etc. mehrfach von Mitspielern genannt wird, gibt es dafür nur fünf Punkte. Tieferes Schürfen im inneren Archiv wird also belohnt!

30 vgl. „Inneres Archiv"; „ABC-Kreativ" (siehe Literaturverzeichnis)

31 vgl. „Inneres Archiv", S. 45 (Heraushebungen durch Autorin selbst)

32 nach: Arthur Koestler (1993), Der Mensch – Irrläufer der Evolution, in: Birkenbihl, Vera F. (2002), Das große Analograffiti-Buch. Paderborn: Junfermann

ANHANG

33 siehe ebd., S. 95 ff.

34 vgl. Voigt, a.a.O., S. 6

35 in: Wujec, a.a.O., S. 36

36 Birkenbihl, Vera F. (2003), Warum wir andere in die Pfanne hauen und wie wir lernen können, dies zu vermeiden. 2. überarb. u. erg. Auflage. Paderborn: Junfermann

37 Litotes (griechisch: Einfachheit): Hervorhebung einer Aussage durch die Verneinung ihres Gegenteils

38 Birkenbihl (2003), a.a.O.

39 Was leider bei manchen politischen Diskussionen zur (Un)Sitte geführt hat, dass gewisse Politiker ihre berühmt-berüchtigten Taferln den Kameras präsentieren.

40 Ditko, Peter H./Engelen, Norbert Q. (1996), In Bildern reden. Die neue Redekunst aus Ditkos Schule. Düsseldorf: Econ

41 Metapher (von griechisch metapherein: übertragen): bildhafter Ausdruck für einen Gegenstand oder einen abstrakten Begriff

42 Sentenzen (lat.: Satz): Sinnspruch, knapp formuliert

43 Synästhesie (griech. synaisthanesthai: zugleich wahrnehmen): gleichzeitiges Erleben von verschiedenen Sinneseindrücken

44 Für begeisterte Altphilologen hier der Originaltext: Itaque iis, qui hanc partem ingenii exercerent, locos esse capiendos et ea, quae memoria tenere vellent, effingenda animo atque in iis locis conlocanda. (Cicero, De oratore, II. Buch, Kap. 254)

45 in: Birkenbihl, Vera F. (1998), Rhetorik. Redetraining für jeden Anlass. 3. durchgesehene Auflage, Urania Verlag

46 Amon, Ingrid (2000), Die Macht der Stimme: Persönlichkeit durch Klang, Volumen und Dynamik. Wien/Frankfurt: Ueberreuter

47 Diesen Tipp habe ich von einer lieben Freundin, Petra Rudolf, ORF-Sprecherin.

48 In meinem Einstiegsbuch „Kopftraining" von Tony Buzan finden Sie auch eine gute Einführung in die Gestaltungs- und Verwendungsmöglichkeiten von Mind Maps (siehe Literaturverzeichnis)

49 Kingston, Karen (2003), Feng Shui gegen das Gerümpel des Alltags. 3. Auflage. Reinbek bei Hamburg: Rowohlt Taschenbuch Verlag, S. 76

50 Im Sinne wirkungsvoller Mnemotechnik darf manchmal auch durchaus auf umgangssprachliche Ausdrücke zurückgegriffen werden.

51 Auch hier kann ich Ihnen eine äußerst empfehlenswerte Einstiegslektüre nennen: Birkenbihl, Vera F. (2001) Humor – an ihrem Lachen soll man sie erkennen. Landsberg am Lech: mvg

52 Definition Transaktionsanalyse: beschäftigt sich mit Mustern des menschlichen Erlebens und Verhaltens, wie sie sich in Kommunikationssituationen, in der Gestaltung von Beziehungen und in der Lebensgestaltung ausdrücken.

53 Wann immer mir in diesem Experiment, aber auch einfach so (noch) unbekannte Fremdwörter begegnen, bleibe ich natürlich nicht auf dieser mnemotechnischen Ebene stehen, sondern nehme es als willkommenen Anlass, mich damit näher auseinander zu setzen und so wieder einen Knoten mehr in mein **Wissens-Netz** einzuknüpfen.

54 Semantik: Lehre von der Bedeutung von Wörtern, Sätzen und Texten

55 Ditko, Peter H./Engelen, Norbert Q., a.a.O.

56 vgl. ebd., S. 142

57 Definition Impresario: Agent eines Künstlers, der diesem Arrangements verschafft

58 Ich bin heute noch meinem – leider bereits verstorbenen – Lehrer Mag. Franz Dollnig am damaligen BG/BRG Spittal/Drau, Kärnten, dankbar, der es interessierten Schülern ermöglichte, auch an einem neusprachlichen Gymnasium im Freigegenstand Altgriechisch zu maturieren.

59 Übersetzung und Erklärung für Nichteingeweihte: „Selbst Franz Klammer (berühmter österr. Skifahrer) kann hier nicht Ski fahren."

60 aus: Buzan (1993), Kopftraining, a.a.O., S. 75

61 Wenn Sie noch tiefer in die Mnemotechnik eintauchen wollen, kann ich Ihnen das Buch „Gedächtnis-Erfolg" meines Trainerkollegen aus Deutschland, Gunther Karsten (siehe Literaturverzeichnis) empfehlen.

62 „Der Worte sind genug gewechselt, lasst mich auch endlich Taten sehn", sagt der Direktor im „Vorspiel auf dem Theater" von Goethes „Faust" (1808). Gern verändert in: „Nun lass(t) uns endlich ..."

63 Um es Ihnen etwas zu erleichtern, habe ich Zahlen gewählt, zu denen bisher – entweder in diesem Kapitel oder im Kapitel „Haken-Methode" – bereits Bilder vorgeschlagen wurden (falls Ihre eigene Liste noch nicht vollständig ist oder noch etwas wackelt). Hier die Bilder dazu: 1 – Wölf', 2 – Klavier, 3 – Weihnachtsbaum, 4 – Waffe, 5 – Ei, 6 – Sessel, 7 – Disco, 8 – Feder, 9 – Führerschein, 10 – Kerze.

64 in Anlehnung an Eichborn, Christoph (2002), Souverän durch Self-Coaching. Ein Wegweiser nicht nur für Führungskräfte. Göttingen: Vandenhoeck & Ruprecht

65 Wenn Sie noch tiefer in dieses Thema eindringen möchten, empfehle ich Ihnen das Buch von Shakti Gawain (1984), Stell dir vor. Kreativ visualisieren. Reinbek bei Hamburg: Rowohlt

66 aus: Lapp, Danielle C. (1987), Nichts mehr vergessen! Neuer Schwung für graue Zellen. München: Mosaik Verlag GmbH.

67 aus: Wujec, a.a.O.

68 Sie finden noch weitere solcher Reisen in: Teml, H. u H. (1994), Komm mit zum Regenbogen. Linz: Veritas; oder: Dahlke, Rüdiger (1994), Reisen nach innen. Geführte Meditationen auf dem Weg zu sich selbst. München: Heinrich Hugendubel Verlag.

Richtige Ernährung ist die beste Medizin!

Genuss pur – trotz Allergie!

Histaminarm kochen und genießen

Verband der Dipl. DiätassistentInnen & EMB Österreichs
96 Seiten, 16,5 x 23 cm, broschiert
€ 14,90 (A), SFR 26,50

ISBN 3-902351-18-7

Schonend und trotzdem schmackhaft

Leicht & bekömmlich
Kochen für Magen, Darm und Galle

Verband der Dipl. DiätassistentInnen & EMB Österreichs
176 Seiten, 17 x 24 cm, gebunden, durchgehend 4-farbig
€ 19,90 (A), SFR 35,10

ISBN 3-902351-15-2

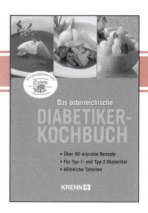

Genussvoll essen – trotz Diabetes!

Das österreichische Diabetiker-Kochbuch

Verband der Dipl. DiätassistentInnen & EMB Österreichs
176 Seiten, 17 x 24 cm, gebunden, durchgehend 4-farbig
€ 19,90 (A), SFR 35,10

ISBN 3-9501316-6-3

Hubert Krenn VerlagsgesmbH
Wiedner Hauptstr. 64, 1040 Wien
Tel. 01/585 34 72 • Fax 01/585 04 83
hwk@buchagentur.at • www.hubertkrenn.at